D1674491

Karin Gerstner

Umgangsrecht aus systemischer Sicht der Jugendhilfe

Eine quantitative Erhebung

Diplomica® Verlag GmbH

Gerstner, Karin: Umgangsrecht aus systemischer Sicht der Jugendhilfe. Eine quantitative Erhebung, Hamburg, Diplomica Verlag GmbH 2008

ISBN: 978-3-8366-6350-2
Druck Diplomica® Verlag GmbH, Hamburg, 2008

Bibliografische Information der Deutschen Bibliothek
Die Deutsche Bibliothek verzeichnet diese Publikation in der Deutschen Nationalbibliografie;
detaillierte bibliografische Daten sind im Internet über
<http://dnb.ddb.de> abrufbar.

Dieses Werk ist urheberrechtlich geschützt. Die dadurch begründeten Rechte, insbesondere die der Übersetzung, des Nachdrucks, des Vortrags, der Entnahme von Abbildungen und Tabellen, der Funksendung, der Mikroverfilmung oder der Vervielfältigung auf anderen Wegen und der Speicherung in Datenverarbeitungsanlagen, bleiben, auch bei nur auszugsweiser Verwertung, vorbehalten. Eine Vervielfältigung dieses Werkes oder von Teilen dieses Werkes ist auch im Einzelfall nur in den Grenzen der gesetzlichen Bestimmungen des Urheberrechtsgesetzes der Bundesrepublik Deutschland in der jeweils geltenden Fassung zulässig. Sie ist grundsätzlich vergütungspflichtig. Zuwiderhandlungen unterliegen den Strafbestimmungen des Urheberrechtes.

Die Wiedergabe von Gebrauchsnamen, Handelsnamen, Warenbezeichnungen usw. in diesem Werk berechtigt auch ohne besondere Kennzeichnung nicht zu der Annahme, dass solche Namen im Sinne der Warenzeichen- und Markenschutz-Gesetzgebung als frei zu betrachten wären und daher von jedermann benutzt werden dürften.

Die Informationen in diesem Werk wurden mit Sorgfalt erarbeitet. Dennoch können Fehler nicht vollständig ausgeschlossen werden und der Verlag, die Autoren oder Übersetzer übernehmen keine juristische Verantwortung oder irgendeine Haftung für evtl. verbliebene fehlerhafte Angaben und deren Folgen.

© Diplomica Verlag GmbH
http://www.diplomica.de, Hamburg 2008
Printed in Germany

„Wenn Leben identisch ist mit Wachstum, so lebt ein Geschöpf in einem Stadium seines Lebens genauso wirklich wie in einem anderen, mit der gleichen inneren Fülle und den gleichen Ansprüchen auf Absolutheit."

(Dewey 1993, 65-77 in Maywald, J. 2005, 245)

Danksagung

1. **Einleitung** — 5

2. **Rahmenbedingungen des Umgangsrechts** — 9
2.1 Gesetzliche Grundlagen — 9
2.2 Kindeswohl und Kindeswille — 11
2.3 Aufgaben des Jugendamtes — 14
2.4 Familiengericht — 17
2.5 Eltern-Kind-Beziehung und Umgangsrecht — 19
2.6 Zusammenfassung — 20

3. **Lebenslagen der Eltern und Kinder** — 22
3.1 Getrennt lebende oder geschiedene Eltern mit und ohne neuen Lebenspartner — 23
3.2 Trennungs- und Scheidungskinder — 24
3.2.1 *Parental alienation syndrom (PAS)* — 26
3.3 Zusammenfassung — 28

4. **Regelungshilfen** — 30
4.1 Begleiteter Umgang — 30
4.2 Verfahrenspfleger — 33
4.3 Hilfe zur Erziehung — 35
4.4 Zusammenfassung — 37

5. **Methodisches Vorgehen** — 38
5.1 Aktenanalyse — 38
5.2 Erstellung der Forschungsfragen und der Hypothese — 39
5.3 Entwicklung eines Erhebungsbogens — 44
5.3.1 *Pretest* — 47
5.3.2 *Überarbeitung des Erhebungsbogens* — 47
5.3.3 *Reliabilität* — 47
5.3.4 *Validität* — 48

5.4	Auswahl und Definition der Variablen	49
5.5	Festlegung der Stichprobe	51
5.6	Erstellung der Datenmatrix	52
5.6.1	*Eingabe der Daten*	52
5.6.2	*Auswertung der Daten*	53
5.7	Anwendung Statistischer Verfahren	53
5.7.1	*Graphische Darstellung der Daten*	54
5.8	Überprüfung der Forschungsfragen und der Hypothese	55
5.8.1	*Erweiterung des Forschungsfeldes*	60
5.9	Diskussion der Ergebnisse	64
5.10	Zusammenfassung	67

6. Schlussbetrachtung 68

7. Literaturverzeichnis 70

Anhang 76

Abkürzungsverzeichnis	77
Erhebungsbogen	79
Operationalisierung der Variablen	82
Erhebungsbogen mit der Codierung der Kategorien	97
Übersicht über Tabellen und Grafiken	101

Danksagung

Zunächst möchte ich mich bei den Personen bedanken, welche mir die Bearbeitung der Studie ermöglichten.

Mein besonderer Dank gilt meinem Arbeitgeber, der mir die Aktenanalyse im Jugendamt ermöglichte sowie Prof. Dr. Pauls und Prof. Dr. jur. Buchholz-Schuster von der Fachhochschule Coburg.

Bedanken möchte ich mich ebenfalls bei meinem Kollegen Reimund Klauke, der mir bei fachlichen Diskussionen immer wieder wertvolle Anregungen zur weiteren Bearbeitung des Themas gab sowie bei meinen Freunden Tina Raffauf und Mike Nilles, welche sich dazu bereit erklärten, das Manuskript der Studie kritisch zu sichten.

Zum Schluss möchte ich mich bei meinen Eltern Christine und Dietmar Gerstner sowie bei meiner Schwester Elke Gerstner für die liebevolle Unterstützung und die Motivation, weiter zu schreiben ganz herzlich, bedanken.

1. **Einleitung**

Derzeit kann damit gerechnet werden, dass bundesweit mehr als ein Drittel der Ehen, früher oder später, durch eine Scheidung beendet werden.

Die Anzahl der hiervon bundesweit betroffenen Kinder hat im Vergleich zum Jahr 2001 mit 153.520 Kindern, im Jahr 2002 mit 160.100 Kindern erneut zugenommen.[1]

Wahrscheinlich würde sich die Anzahl der betroffenen Kinder weiter erhöhen, wenn die Eltern, die mit ihren Kindern in einer nichtehelichen Lebensgemeinschaft leben und sich trennen, mitberücksichtigt worden wären.

Trennung und Scheidung verursachen für die Betroffenen, Eltern und Kinder, neben den psycho-sozialen und wirtschaftlichen Folgen auch hohe finanzielle Kosten für die Solidargemeinschaft, deren Begrenzung und Lösung genauso wichtig ist wie Prävention, Beratung und die Weiterentwicklung gesetzlicher Grundlagen.[2]

1982 wurde erstmals durch das Bundesverfassungsgericht festgestellt, dass nach einer Trennung der Eltern die familiären Sozialbeziehungen fortbestehen und eine entscheidende Grundlage für die psycho-soziale Entwicklung des Kindes/ der Kinder darstellen. Somit wird die Elternschaft durch eine Trennung der Partner nicht beendet (Jugendhilfe 43/2005, 259). Für die Kinder und Jugendlichen ist es jetzt wichtig, dass ihre getrennt lebenden oder geschiedenen Eltern ihnen als Mutter und Vater erhalten bleiben, unabhängig von der Sorgerechts- oder Umgangsregelung (von Eckardstein, L. u.a. 1998, 5).

Bei meiner Tätigkeit in einem Jugendamt im Südwesten Deutschlands konnte ich beobachten, dass es bei getrennt lebenden oder geschiedenen Eltern häufig zu Kontaktabbrüchen zwischen einem Elternteil und dem Kind/ den Kindern kommt.

---

[1] (vgl. Emmerling, D.: Ehescheidungen 2000/200. Die wichtigsten Ergebnisse, in: Wirtschaft und Statistik 12/2002, S. 1056 ff.; ders., Ehescheidungen 2002, in Wirtschaft und Statistik 12/2003, S. 1105 ff.; Statistisches Bundesamt (Hrsg.), Datenreport 2004, S. 45 ff. in Fieseler, G., Herborth, R., 2005, 101)

[2] (BMFSFJ (Hrsg.): Wenn aus Liebe rote Zahlen werden, Berlin 2003; Empirische Untersuchung von Andreß, H.J./Borgloh, B./Güllner, M., Universität Bielefeld. in Fieseler, G., Herborth, R., 2005, 101)

In diesen Fällen haben Eltern die Möglichkeit sich an das Jugendamt zu wenden, um dort eine Klärung ihrer Umgangsangelegenheiten zu erreichen. Scheitert die Vermittlung durch das Jugendamt, dann kann jeder Elternteil das Familiengericht zur Klärung der Umgangsstreitigkeit anrufen.

Trotz des Beratungsangebots des Jugendamtes oder eines Beschlusses durch das Familiengericht kann es wiederholt zu Kontaktabbrüchen zwischen einem Elternteil und dem Kind/ den Kindern kommen. Dabei können sich unausgestandene, nicht geklärte Paarkonflikte erschwerend auf eine verantwortliche Wahrnehmung, Durchführung oder Ausübung der Umgangsregelung auswirken. Häufig werden die nicht bearbeiteten Konflikte nicht auf der Paarebene, sondern auf der Elternebene ausgetragen.
Multiple Problemlagen der Eltern oder eines Elternteils können sich ebenfalls ungünstig auf die Erarbeitung von Umgangsregelungen auswirken.

Anhand einer Aktenanalyse zur Umgangsregelung möchte ich einen Teil der sozialen Realität der Jugendamtsmitarbeiter im Allgemeinen Sozialen Dienst erfassen. Es interessiert mich zu erfahren, „Warum es den Helfern[3], in einigen Fällen, nicht dauerhaft gelingt, trotz der vielfältigen Handlungsmöglichkeiten, eine Umgangsregelung mit den Eltern, unter Berücksichtigung der Kindesinteressen, zu erarbeiten?"

Im Mittelpunkt meiner Studie steht wie bereits erwähnt eine Aktenanalyse zur Umgangsregelung.
Im Theorieteil werden die rechtlichen Möglichkeiten der Helfer, sowie die vielfältigen Lebenssituationen, in welchen sich Kinder, Jugendliche und Eltern befinden können, beschrieben. Anschließend wird mit Hilfe eines selbst erstellten Erhebungsbogens versucht, die komplexe Situation der Umgangsherstellung aufzuzeigen und darzustellen.

---

[3] Unter Helfern werden in diesem Zusammenhang Jugendamtsmitarbeiter und Familienrichter verstanden.

Im ersten Teil (Kapitel 2) des Buches werden die Rahmenbedingungen des Umgangsrechts erläutert. Hierzu zählen die gesetzlichen Grundlagen der elterlichen Sorge und des Umgangsrechts.

Des Weiteren werden die Begriffe „Kindeswohl" und „Kindeswille" in diesem Zusammenhang aufgezeigt.

Die Darstellung des Aufgabenbereichs des Allgemeinen Sozialen Dienstes im Jugendamt im Hinblick auf die Unterstützung der Eltern bei der Erarbeitung von Umgangsregelungen und die Zusammenarbeit mit dem Familiengericht, sowie die Bedeutung des Umgangsrechts für die Eltern-Kind-Beziehung, stellen einen weiteren wichtigen Bereich dieses Abschnitts dar.

Nach dem einführenden Überblick durch Kapitel 2, gliedert sich das Buch in weitere vier Teile.

Im Blickfeld des zweiten Teils (Kapitel 3) werden die unterschiedlichen Lebenslagen der Eltern und Kinder beschrieben. Hierzu zählt die Lebenssituation getrennt lebender oder geschiedener Eltern mit und ohne neuen Lebenspartner, aber auch die Lebenssituation der Trennungs- und Scheidungskinder wird anhand der bestehenden Literatur kurz aufgezeigt. Das „Parental alienation syndrom" (PAS) möchte ich unter Punkt 3.1.2 beschreiben, da unter anderem hierdurch Kontaktabbrüche zwischen dem Kind/ den Kindern und einem Elternteil verstärkt werden können.

Im dritten Teil (Kapitel 4) werden ausgewählte Regelungshilfen aufgezeigt, wie die in der Literatur beschriebene Vielfalt der Formen des begleiteten Umgangs und der Verfahrenspflegschaft. Unter Punkt 4.3 wird die Hilfe zur Erziehung in diesen Kontext integriert. Hier möchte ich darauf hinweisen, dass die Hilfe zur Erziehung nicht zu den in der einschlägigen Literatur beschriebenen Regelungshilfen zählt.

Einen Schwerpunkt dieser Studie bildet das methodische Vorgehen bei der Akten-analyse zum Umgangsrecht im vierten Teil (Kapitel 5).
Die Formulierung des Forschungsproblems mit den zu testenden Fragen und der erstellten Hypothese, die Entwicklung eines Erhebungsbogens, die Beschreibung

der Durchführung des Pretest, sowie die Überarbeitung des Erhebungsbogens und die Gütekriterien wie Reliabilität und Validität werden ausführlich erläutert. Des Weiteren wird auf die Auswahl und Definition der Variablen, die Definition der Stichprobe, das verwendete Messinstrument sowie die Art der Durchführung, die Datenerhebung, die Datenaufbereitung und die Auswertung der Daten mit der Software SPSS beschrieben. Im Anschluss werden die Ergebnisse der quantitativen Erhebung zum Umgangsrecht dargestellt und diskutiert.

Mein fachlicher Standpunkt bezüglich der Studie fließt in den fünften Teil (Kapitel 6) mit ein.

Das Hauptanliegen dieser Studie ist es, die Komplexität der Fälle, welche dem Jugendamtsmitarbeiter[4] bekannt werden, aufzuzeigen und darzustellen, um diese anschließend anhand der erhobenen Ergebnisse zu diskutieren und der Beantwortung der Frage: „Warum es den Helfern in einigen Fällen nicht dauerhaft gelingen kann, eine Umgangsregelung mit den Eltern, unter Berücksichtigung der Kindesinteressen, zu erarbeiten" näher zu kommen.

Des Weiteren möchte ich auf das Abkürzungsverzeichnis, den Erhebungsbogen, die Operationalisierung der Variablen, den Erhebungsbogen mit der Codierung der Kategorien und die Übersicht über Tabellen und Grafiken, welche sich im Anhang befinden, hinweisen.

---

[4] Hier sind stets beide Geschlechter gemeint.

2. Rahmenbedingungen des Umgangsrechts

Eine wichtige Voraussetzung für das Wohlergehen des Kindes nach einer Trennung und Scheidung ist der ungestörte Zugang zu beiden Eltern. Dies belegen auch die aktuellen Ergebnisse der Scheidungsforschung.

Zum Beispiel dient ein konfliktfreier Umgang der leichteren Anpassung des Kindes an die Nachscheidungssituation.[5]

Des Weiteren wird dem Bedürfnis und dem Wunsch des Kindes, Kontakt zu beiden Eltern aufrecht zu erhalten, Rechnung getragen, so dass die Beziehung und Bindung zum getrennt lebenden Elternteil erhalten bleibt. Die geschlechtsspezifischen erzieherischen Einflüsse von Mutter und Vater können sich durch die Umgangskontakte weiterhin ergänzen und auf das Kind auswirken
(Balloff. 2004, 187).

Im Folgenden werden die gesetzlichen Grundlagen der elterlichen Sorge, das Umgangsrecht, das Kindeswohl und der Kindeswille, die Aufgaben des Jugendamtes und des Familiengerichts, sowie die Bedeutung des Umgangsrechts für die Eltern-Kind-Beziehung dargestellt.

2.1 Gesetzliche Grundlagen

Zum Wohl des Kindes gehört in der Regel der Umgang mit beiden Elternteilen
(§ 1626 Abs. 3 S.1 BGB). Hieraus folgt ein förmliches Umgangsrecht des Kindes mit jedem Elternteil gemäß § 1684 Abs. 1 HS. 1 BGB. Mit dem Recht des Kindes korrespondiert die Pflicht und das Recht der Eltern, mit dem Kind Umgang zu pflegen, unabhängig von der sorgerechtlichen Lage (§1684 Abs. 1 HS. 2 BGB) (Schwab 1999, 322).

Ein Recht auf persönlichen Umgang mit seinem Kind hat somit auch ein Elternteil, „dem das Personensorgerecht nicht zusteht, weil er etwa als mit der Mutter nicht verheirateter Vater mangels Sorgeerklärung nicht sorgeberechtigt ist (§1626a Abs.2 BGB), ebenso auch der Elternteil, dem aufgrund einer Regelung nach
§ 1671 BGB nicht mehr zusteht, oder weil es ihm gemäß § 1666 BGB entzogen worden ist (sich um am Kindeswohl orientierte Einzelfallgefährdung handelte). (vgl. Fieseler, Herborth. 2005, 243).

---

[5] Figdor 1991, 149 in Balloff 2004, 187

Auch wenn das Kind in einer Pflegefamilie lebt, haben beide Eltern das Recht und die Pflicht, Umgangskontakte wahrzunehmen. Ein Umgangsrecht der Eltern besteht auch, wenn den Eltern die elterliche Sorge entzogen wurde und das Kind zunächst bei einer anderen Person oder in einer Einrichtung lebt, aber nur, wenn durch die Ausübung das Kindeswohl nicht gefährdet wird (Schwab 1999, 323).

Das Umgangsrecht des nichtsorgeberechtigten Elternteils steht ebenso wie die elterliche Sorge des anderen Elternteils gemäß Art. 6 Abs. 2 S.1 GG unter dem besonderen Schutz des Staates.[6] Des Weiteren erwächst das Umgangsrecht aus dem natürlichen Elternrecht und der damit verbundenen Verantwortung.[7]
Bei der Ausübung des Rechts ist der Elternteil gemäß § 18 Abs. 3 S. 3 SGB VIII zu beraten und zu unterstützen. Gleichzeitig soll das Kind darin unterstützt werden, dass die Umgangsberechtigten von diesem Recht Gebrauch machen (§ 18 Abs. 3, S. 2 SGB VIII).
Nach dem Kinder- und Jugendhilfeweiterentwicklungsgesetz -KICK- haben zukünftig „Umgangsberechtigte mit tatsächlich oder gewöhnlichem Aufenthalt im Ausland ein Recht auf Beratung und Unterstützung durch das Jugendamt bei der Ausübung ihres Rechts im Umgang mit ihren in Deutschland lebenden Kindern." (Fieseler, Busch 2005, 254).

„Wesentlicher Aspekt des Umgangsrechts ist die Befugnis des Umgangssuchenden, „das Kind in regelmäßigen Abständen persönlich zu sehen und zu sprechen, und zwar ohne Gegenwart einer Aufsichtsperson." [8]
Der Umgangssuchende soll somit die Möglichkeit erhalten, sich von dem Wohlergehen des Kindes zu überzeugen. Der persönliche Kontakt zum Kind soll einer Entfremdung zum getrennt lebenden Elternteil entgegenwirken. [9]
Allerdings kann brieflicher oder telefonischer Kontakt den persönlichen Kontakt zum Kind nicht ersetzen.
Die Grenzen gerichtlicher Gestaltungsmöglichkeiten und gerichtlicher Eingriffsbefugnisse ergeben sich aus den hier beschriebenen wesentlichen Aspekten des Umgangsrechts (Wiedenlübbert 2005, 248).

---
[6] Bundesverfassungsgerichtsentscheidung 1971, 31, 194 in Balloff, R. 2004, 188
[7] Bundesverfassungsgericht 64, 180, 188 in Schwab, D. 1999, 322
[8] BGHZ, 51, 219 in Wiedenlübbert 2005, 248
[9] BGH FamRZ 1984, 1084-1086 in Wiedenlübbert 2005, 248

In diesem Rahmen wird auf den Personenkreis weiterer Umgangsberechtigter wie Großeltern, Geschwister, Lebenspartner etc. gemäß § 1685 BGB nicht weiter eingegangen (Fieseler, Herborth. 2005, 243).

2.2 Kindeswohl und Kindeswille

Kindeswohl und Kindeswille sind zwei bedeutsame Begriffe, die das Schicksal von Personen stark beeinflussen können und bei der Umsetzung in die Praxis für Unklarheit und Unsicherheit sorgen.
So ist der Kindeswille Bestandteil des Kindeswohls. Allerdings muss das Kindeswohl nicht dem Kindeswillen entsprechen (Maywald 2005, 236).
Im Begriff des Kindeswohls vereinen sich juristische, psychologische und sozialpädagogische Aspekte.

Auf internationaler Ebene ist das „Kindeswohl" in der UN–Kinderrechtskonvention, dem Haager Minderjährigenschutzabkommen, dem Haager Kindesentführungsübereinkommen und in dem Europäischen Übereinkommen über die Ausübung von Kinderrechten verankert.

Im innerstaatlichen Privatrecht wird das Kindeswohl im Bürgerlichen Gesetzbuch (BGB) und in der öffentlichen Jugendhilfe, im Kinder- und Jugendhilfegesetz (KJHG) und dem Kinder- und Jugendhilfeweiterentwicklungsgesetz (KICK), angewendet (Fieseler, Herborth 2005, 74).
Auch sind die Regelungszusammenhänge, in denen der Begriff des Kindeswohls gebraucht wird, sehr vielfältig, „wie sich an der elterlichen Sorge, dem staatlichen Wächteramt und dem Jugendhilferecht verdeutlichen lässt."[10]
Zum Beispiel stellt das Wohl des Kindes die einzige Legitimation dar, in das grundrechtlich geschützte Elternrecht, bei dessen Nichtbeachtung, einzugreifen (Wiedenlübbert, 2005, 246).
Des Weiteren ist das Kindeswohl das Leitprinzip der elterlichen Sorge gemäß § 1626 BGB und entsprechender Gerichtsentscheidungen. Der § 1697a BGB verpflichtet somit alle Gerichte, bei Sorgerechtsentscheidungen auf die Einhaltung und Verwirklichung des Kindeswohls zu achten. Dies trifft auch für Entscheidungen zum Umgangsrecht zu (Fieseler, Herborth 2005, 74).

---

[10] Zittelmann 2001, 119ff. in Fieseler/ Herborth 2005, 74

Grundsätzlich dient der Umgang des Kindes mit dem anderen Elternteil seinem Wohl, unabhängig davon, ob die Eltern miteinander verheiratet sind, verheiratet waren und die gemeinsame elterliche Sorge oder die alleinige elterliche Sorge besteht.

Nur wenn vorher durch das Gericht festgestellt wurde, dass durch eine bestehende Umgangsausübung dem Kindeswohl geschadet wird, kann der Umgang ausgesetzt, eingeschränkt oder gar ausgeschlossen werden. Ein Ausschluss des Umgangsrechts muss geeignet, erforderlich und in der konkreten Situation angemessen sein. So kommt ein Ausschluss des Umgangsrechts nicht in Frage, wenn durch eine Form des begleiteten Umgangs die Kindeswohlgefährdung nicht mehr gegeben ist. Der begleitete Umgang stellt eine zeitlich begrenzte Krisenintervention dar und verfolgt das Ziel, den Umgang des Kindes mit dem Umgangssuchenden zu verselbständigen. Hier wird das Familiengericht in regelmäßigen Abständen seinen Eingriff in den grundrechtlich geschützten Bereich des Umgangsrechts überprüfen müssen.

Ein Ausschluss des Umgangsrechts wird bei bewiesenem sexuellem Missbrauch eher bejaht, allerdings wird es problematisch bei Verdachtsfällen. Selbst in den Fällen häuslicher Gewalt wird ein dauerhafter Ausschluss des Umgangsrechts nicht einfach durchzusetzen sein.

Bei Umgangsstreitigkeiten kann beobachtet werden, dass in einigen Fällen ein Elternteil oder die Eltern das Kind zur Durchsetzung seiner/ihrer eigenen Interessen zu instrumentalisieren versucht/-en. Unter Umständen kann auch hierin eine Kindeswohlgefährdung liegen.

Bei einer Anhörung des Kindes vor dem Familiengericht kann die gedankliche Unterscheidung zwischen dem „erklärten" und dem „wirklichen" Willen des Kindes hilfreich sein, um nicht die Widergabe des Willens eines Elternteil zu erhalten (Wiedenlübbert 2005, 247 ff.).

Zum Einem ist der Kindeswille ein Ausdruck für die relativ stärkste Personenbindung. Zum Anderem stellt er eine Möglichkeit der Selbstbestimmung des Kindes dar (Fieseler, Herborth 2005, 82). So kann, wenn keine nachvollziehbaren Gründe vorliegen, eine Entscheidung gegen den Kindeswillen angeordnet werden, um den Kontakt zwischen dem Kind und dem Umgangssuchenden herzustellen. Bei kleineren Kindern geht das Familiengericht davon aus, dass der entgegenstehende Kindeswille durch geeignete erzieherische Maßnahmen des betreuenden Elternteils überwunden werden kann. Je älter ein Kind, desto schwerer wiegt der geäußerte Wille. Die Einsichtsfähigkeit und die persönliche Entwicklung des Kindes werden als Maßstab des Willens des Kindes mitberücksichtigt. Rechtlich bedenklich und auch nicht umsetzbar wäre somit eine gerichtlich angeordnete Umgangsregelung gegen den Willen eines älteren Kindes (Wiedenlübbert 2005, 252).

Um den Begriff des Kindeswohls genauer bestimmen zu können, ist auch ein Bezug auf die Grundbedürfnisse und Grundrechte des Kindes notwendig (Maywald 2005, 237).

Aus familienpsychologischer Sicht heraus kann das Wohl des Kindes wie folgt definiert werden: Das Kindeswohl ist die „für die Persönlichkeitsentwicklung eines Kindes oder Jugendlichen günstigste Relation zwischen seiner Bedürfnislage und seinen Lebensbedingungen" (Dettenborn 2001, 49).

Das Kindeswohl stellt somit keine konstante Größe dar, sondern bleibt auf den Einzelfall bezogen ein spezifischer und veränderlicher Prozess, welcher von personellen Faktoren des Kindes und seiner Eltern, sowie von sozialen Schutz- und Risikofaktoren mit bedingt wird.

Wie bereits beschrieben können Kindeswohlgefährdungen durch einen Missbrauch der elterlichen Sorge, Versagen der Eltern und Kindesvernachlässigung auftreten. Eine Gefährdung des Kindeswohls kann auf der körperlichen, geistigen und/oder seelischen Ebene des Kindes geschehen. Allerdings lassen sich diese einzelnen Gefährdungszonen nicht klar voneinander trennen. Hiermit möchte der Gesetzgeber verdeutlichen, dass es um einen umfassenden Schutz des in der Entwicklung befindlichen Kindes und Jugendlichen geht (Fieseler, Herborth 2005, 77-79).

Eine Kindeswohlgefährdung ist demnach "die Überforderung der Kompetenzen eines Kindes, vor allem der Kompetenzen, die ungenügende Berücksichtigung seiner Bedürfnisse in seinen Lebensbedingungen ohne negative körperliche und /oder psychische Folgen zu bewältigen" (Dettenborn 2001, 55).

Abschießend kann festgehalten werden, dass es keine allgemeingültigen Mindeststandards zur Bestimmung des Wohls des Kindes gibt, welche „Grundbedürfnisse von Kindern und Jugendlichen benennen, die zum gegenwärtigen

Zeitpunkt in unserer Gesellschaft als verbindlicher, maximaler Standard des Kindeswohls gelten könnten."[11]

Allenfalls gibt es Urteilsspielräume bei Kindeswohlgefährdungen, welche von einer Vielzahl von personalen und sozialen Schutz- und Risikofaktoren beeinflusst werden. Zusätzlich erschwerend kommt hinzu, dass das Familiengericht und das Jugendamt nicht nur gegenwärtige Gefährdungen für das Kindeswohl beurteilen, sondern auch künftige Gefährdungen, die durch Nicht- Eingreifen des Gerichtes oder des Jugendamtes auftreten würden, ausschließen sollen (Dettenborn 2001, 56-57).

2.3 Aufgaben des Jugendamtes

Die Deregulierungstendenzen des Gesetzes der Kindschaftsrechtsreform vom 01.07.1998 richten sich bei einer Trennung und Scheidung der Eltern auf eine Phase der familiären Entwicklung, die gekennzeichnet ist von innerer und äußerer Destabilität und mit Risiken für das Wohl des Kindes/ der Kinder verbunden sein kann. Deshalb wurde ein gesetzlich verankertes Beratungsangebot im Kinder- und Jugendhilfegesetz geschaffen (bke. e.V. 2005, 260).

Das Jugendamt wird auf der rechtlichen Grundlage des Kinder- und Jugendhilfegesetzes tätig, wenn minderjährige gemeinschaftliche Kinder von der elterlichen Trennung betroffen sind. Der Elternteil, der den Scheidungsantrag stellt, muss auch die gemeinschaftlichen Kinder angeben. Diese Angabe bedingt eine Informationskette, die vom Gericht ausgeht. Das Gericht informiert das Jugendamt über die Rechtsanhängigkeit von Scheidungssachen und teilt Namen und Anschrift der Betroffenen mit. Jetzt ist das Jugendamt von Amts wegen dazu verpflichtet, die Eltern über die bestehenden Leistungen der Jugendhilfe zu informieren. Zu den Aufgaben der Jugendhilfe zählen gemäß § 17 KJHG die Beratung in Fragen der Partnerschaft, Trennung und Scheidung.

Nach § 17 Abs. 1 KJHG haben Mütter und Väter einen Anspruch auf die Beratungsleistung des Jugendamtes. Während sich § 17 Abs. 1 Nr. 3 KJHG auf die Beratung der Eltern zu einer förderlichen Wahrnehmung ihrer Elternverantwortung beschränkt, bezieht sich § 17 Abs. 2 KJHG auf die Erarbeitung eines einvernehmlichen Konzepts für die Wahrnehmung der elterlichen Sorge unter

---

[11] Schone u.a. 1997, 22ff. in Fieseler, Herborth 2005, 76

angemessener Beteiligung des Kindes oder Jugendlichen (Leyhausen 2000, 52-53).

Durch eine angemessene Beteiligung von Kindern und Jugendlichen am Beratungsprozess gemäß § 17 Abs. 1 Nr. 2, 3 KJHG, wird ihnen durch die „Achtung ihrer Würde und ihres Rechts auf störungs- und gefährdungsfreie Entfaltung ihrer Persönlichkeit (Art. 1 GG und Art. 2 GG) in ihrer Familie und mit ihren Eltern (Art. 6 Abs. 2 GG) ausdrücklich unter Beachtung der UN- Kinderrechtskonvention (Art. 3,4,9,18, UN-Kinderrechtskonvention) Rechnung getragen.[12]

Aus psychologischen und pädagogischen Gründen werden Kinder und Jugendliche nur an den Gesprächen mit den Eltern beteiligt, die ihrem Entwicklungsstand entsprechen. § 8 Abs. 1 KJHG sieht vor, dass Kinder und Jugendliche entsprechend ihrem Entwicklungsstand an allen sie betreffenden Entscheidungen zu beteiligen sind. Dementsprechend sind sie auch auf ihre Rechte im Gerichtsverfahren hinzuweisen. Im Jugendamt finden dementsprechend Gespräche mit den betroffenen Kindern statt, um ihre Wünsche, Sorgen und Ängste bzgl. der Umgangskontakte in Erfahrung zu bringen.

In § 17 Abs. 2 KJHG wird das Umgangsrecht nicht explizit erwähnt, allerdings ist es in den Normbereich dieser Vorschrift einzubeziehen, weil es ein notwendiger Bestandteil bei der Erarbeitung eines Sorgerechtskonzepts ist.[13]

§ 18 KJHG bezieht sich auf die individuelle Unterstützung der Umgangsberechtigten durch das Jugendamt. Die Umgangsberechtigten haben auf diese Beratungsleistung ebenfalls einen Rechtsanspruch und dieser besteht unabhängig von der Sorgerechtsregelung. Durch den § 18 KJHG kann von allen Berechtigten eine umfassende Vermittlungstätigkeit in Anspruch genommen werden.[14]

Des Weiteren ist das Familiengericht verpflichtet, das Jugendamt vor einer Entscheidung von Sorgerechtsfragen anzuhören. Die Mitwirkung des Jugendamtes vor dem Gericht wird in § 50 Abs. 2 KJHG konkretisiert.

---

[12] Münder at al 2003, § 17 KJHG Rdnr.3 in Balloff 2004, 118.
[13] Vgl. Coester, FamRZ 1991, 253, 261; vgl. auch Rauscher, FamRZ 1998, 329, 340 in Leyhausen, D. 2000, 54.
[14] Vgl. Rauscher, FamRZ 1998, 329, 340 in Leyhausen, D. 2000, 55.

Hier heißt es: „Das Jugendamt unterrichtet insbesondere über Angebote und erbrachte Leistungen, bringt erzieherische und soziale Gesichtspunkte zur Entwicklung des Kindes oder Jugendlichen ein und weist auf weitere Möglichkeiten der Hilfe hin" (Walhalla 2003, 30).

Die Mitwirkung des Jugendamtes im familiengerichtlichen Verfahren dient dazu, das Kindeswohl sicher zu stellen und im Verfahren zur Geltung zu bringen.[15]

Es stellt eine eigenständige sozialpädagogische Aufgabe dar.

Im Rahmen seiner sozialpädagogischen Fachlichkeit bestimmt das Jugendamt, in welchem Umfang es vor dem Familiengericht mitwirkt. Das Jugendamt kann die Schriftform, den mündlichen Vortrag oder beides wählen, eine gutachterliche Äußerung bzw. eine Empfehlung zur Entscheidung abgeben oder nicht. Die persönliche Anwesenheit der Jugendamtsmitarbeiter steht in deren pflichtgemäßen Ermessen. Des Weiteren kann das Jugendamt eine Entscheidung des Familiengerichts mit der Beschwerde bzw. mit der sofortigen Beschwerde anfechten (Balloff 2004, 112 ff.). Trotz der Mitwirkungspflicht gemäß § 49a FGG vor dem Familiengericht ist das Jugendamt eine eigenständige, nicht an fachliche Weisungen gebundene und nicht dem Gericht untergeordnete Behörde.[16]

Einerseits unterliegen die Jugendamtsmitarbeiter bei der Trennungs- und Scheidungsberatung den datenschutzrechtlichen und strafrechtlichen Verschwiegenheitspflichten, andererseits sind sie im Rahmen ihrer Mitwirkungspflicht vor dem Familiengericht und im Rahmen der Amtshilfe auch auskunftspflichtig. Dies kann unter Umständen die Weiterarbeit mit der betroffenen Familie erschweren, da die Eltern, wie auch die Kinder, bei einer Gefährdung des Kindeswohls die Tragweite der Offenbarung nicht ermessen können (Balloff 2004, 116, 117).

Träger der vorgeschriebenen Trennungs- und Scheidungsberatung gemäß §§ 17 und 18 KJHG ist die öffentliche Jugendhilfe, allerdings kann diese Aufgabe auch an freie Beratungsstellen deligiert werden.

---

[15] Vgl. Münder, Baltz et al. 2003, Vor § 50Rz. 1 in Balloff, R. 2004, 110
[16] Münder et al. 2003, Rdnr. 9 in Balloff 2004, 114

2.4 Familiengericht

Die Eltern sollen sich in den Angelegenheiten ihres Kindes einigen und selbst über die Art und Häufigkeit der Umgangskontakte entscheiden. Dabei sollen sie die Wünsche ihres Kindes bei der Umsetzung berücksichtigen.

Können sich die Eltern nicht auf eine Umgangsvereinbarung verständigen und ist ggf. ein in Anspruch genommenes Vermittlungsangebot des Jugendamtes oder eines freien Trägers gescheitert, dann ruft gewöhnlich der umgangsberechtigte Elternteil das Familiengericht zur Herstellung einer Umgangsregelung an.

Gemäß § 52 Abs. 1 Satz 2 FGG ist der Familienrichter verpflichtet, wenn ein die Person des Kindes betreffendes Verfahren anhängig ist, die Eltern auf das außergerichtliche Beratungsangebot gemäß der §§ 17 und 18 KJHG hinzuweisen.

Es kann gesagt werden, dass bei der Einleitung eines ersten gerichtlichen Verfahrens bzgl. des Umgangs für die Vermittlung zwischen den Elternteilen der Träger der Jugendhilfe zuständig ist.[17] Hat das Familiengericht aber bereits über den Umgang eine gerichtliche Entscheidung getroffen, dann kann der Richter gemäß § 52a FGG (gerichtliches Vermittlungsverfahren), vor Einleitung von Zwangsmaßnahmen zwischen den Eltern vermitteln und sie auf die Bedeutsamkeit des Umgangsrechts für das Kind hinweisen.[18]

Da Kinder im gerichtlichen Verfahren nicht zum Objekt der elterlichen Interessen werden sollen, werden sie ebenfalls vor dem Familiengericht gehört. Kinder unter 14 Jahren werden gemäß § 50b Abs. 1 erster Halbsatz FGG dann angehört, wenn die Neigungen, Bindungen oder der Wille des Kindes für die Entscheidung von Bedeutung sind oder gemäß § 50b Abs. 1 zweiter Halbsatz FGG, wenn die Anhörung des Kindes zur Feststellung des Sachverhalts angezeigt erscheint, damit sich das Gericht von dem Kind einen unmittelbaren Eindruck verschafft. Hat das Kind das 14. Lebensjahr vollendet, dann wird es stets persönlich gehört, wenn es um die Personensorge geht (Balloff 2004, 166-167).

In den letzten Jahren hat sich der Grundsatz im Gerichtsalltag durchgesetzt, dass ein Kind „unabhängig vom Lebensalter – meist aber nicht vor dem dritten Lebensjahr – im familiengerichtlichen Verfahren immer dann persönlich angehört wird, wenn gemäß § 50b Abs. 1 FGG die Neigungen, Bindungen oder der Wille des Kindes von Bedeutung sind" (Balloff 2004,169).

---
[17] Vgl. Greßmann, Neues KindschaftsR, 1998, Rdn. 489 in Leyhausen, D. 2000, 57
[18] Vgl. BT-Drucks. 13/4899, S. 75. in Leyhausen, D. 2000, 57

Eine Anhörung des Kindes kann somit auch im Verfahren zur Regelung des Umgangs nach den §§1684 und 1685 BGB erfolgen.

Verletzt ein Elternteil seine Wohlverhaltenspflicht gemäß § 1684 Abs. 2 BGB, dann kann der Familienrichter durch Anordnung von Gebots- oder Untersagensverfügungen zur Einhaltung der Umgangskontakte verpflichten.[19]

Um den unkooperativen Elternteil zur Befolgung der gerichtlichen Umgangsregelung anzuhalten, kann das Familiengericht Zwangsmittel gemäß § 33 FGG in Betracht ziehen. Zu den Zwangsmitteln zählt die Androhung von Zwangsgeld oder Zwangshaft. Des Weiteren kann der Familienrichter ein Sachverständigengutachten gemäß § 15 Abs. 1 FGG in Auftrag geben. Eine mögliche Beweisfrage im Rahmen der Begutachtung könnte wie folgt lauten: "Welche Regelung des persönlichen Umgangs dient dem Wohl des Kindes am besten?" (Balloff 2004, 124-125).

Des Weitern besteht die Möglichkeit bei nachhaltiger Vereitelung des Umgangsrechts dem Elternteil, der die elterliche Sorge nach einer gerichtlichen Sorgerechtsentscheidung innehat, aufgrund einer nicht ausreichenden Erziehungseignung und damit einhergehenden Kindeswohlgefährdung, das Sorgerecht zu entziehen und gemäß § 1696 Abs. 1 BGB auf den anderen Elternteil zu übertragen.[20] Dies bedeutet, dass eine Sorgerechtsänderung angezeigt sein kann, „wenn dies aus triftigen, das Wohl des Kindes nachhaltig berührenden Gründen, angezeigt ist."[21]

Allerdings ist eine Sorgerechtsänderung nur unter Berücksichtigung des Gesichtspunktes des Verhältnismäßigkeitsgrundsatzes möglich. Erst wenn die Ausübung des Umgangs zwischen dem Kind und dem umgangsberechtigten Elternteil durch die Festsetzung eines Zwangsgeldes nicht zustande kommt, könnte eine Sorgerechtsänderung in Betracht gezogen werden. Fraglich ist allerdings die Umsetzung in die Praxis, da es nicht im Interesse des Kindes sein kann, wenn sich hierdurch sein bisheriger Lebensmittelpunkt erneut verändert.[22]

Der Einsatz von Zwangsmitteln oder einer Sorgerechtsänderung bei Umgangsstreitigkeiten kann das Verhältnis des Kindes zu seinen Eltern stark belasten und

---

[19] Vgl. Johannsen, Heinrich, Jaeger, EheR, 3. Aufl., 1998, § 1684, Rnd.15 in Leyhausen, D. 2000, 59
[20] Vgl. OLG München, FamRZ 1997, 45 in Leyhausen, D. 2000, 62
[21] Leyhausen, D. 2000, 62
[22] Vgl. OLG Hamm, FamRZ 1992, 467,468 in Leyhausen, D. 2000, 65

somit dem Wohl des Kindes schaden. Durch die Kindschaftsrechtsreform setzt der Gesetzgeber eher auf die außergerichtlichen oder gerichtlichen Konfliktlösungskompetenzen der beteiligten Fachkräfte mit dem Ziel, dass den Eltern ihre Verantwortung bewusst wird und sie so zu einer Kooperation im Sinne ihres Kindes befähigt werden.

2.5 Eltern-Kind-Beziehung und Umgangsrecht

Wie bereits beschrieben korrespondiert mit dem Recht des Kindes auf Umgang mit beiden Eltern, die Pflicht und das Recht der Eltern, Umgang mit ihrem Kind auszuüben. Des Weiteren besitzt das Kind einen vollstreckbaren Anspruch auf Umgang.

Richtschnur für die Ausübung und Ausgestaltung des Umgangsrechts ist das Wohl des Kindes. Im Konfliktfall ist dem Kindeswohl Vorrang vor den Elterninteressen zu gewähren (Balloff 2004, 187ff.).

Das Umgangsrecht soll dem Berechtigten folgendes ermöglichen:
- „mit dem Kind weiterhin Kontakt zu pflegen,
- sich von dem Befinden und der Entwicklung des Kindes laufend zu überzeugen,
- die verwandtschaftlichen Beziehungen mit dem Kind aufrechtzuerhalten und einer Entfremdung vorzubeugen,
- und dem Liebesbedürfnis beider Eltern Rechnung zu tragen."[23]

Indem der umgangsberechtigte Elternteil die Umgangskontakte zu seinem Kind wahrnimmt, kann er sein emotionales Bedürfnis nach einer Fortsetzung seiner Beziehung mit dem Kind befriedigen, an seiner Entwicklung teilhaben und sich in der Wahrnehmung von Elternverantwortung betätigen.

Für den betreuenden Elternteil kann ein kontinuierlicher Umgangskontakt zu mehr Freizeit, Entlastung und Vermeidung von Idealisierungen des umgangsberechtigten Elternteils führen, sowie zu einer stabilen und altersgemäßen Entwicklung des Kindes beitragen.

---

[23] BGH, in: NJW 1965, S. 396. Vgl. auch BGH, in: DAVorm 1984, S. 827. Deshalb Hilfe zum Lebensunterhalt für die Ausübung des Umgangsrechts: BVerfG, NJW 1995 in Fieseler, G., Herborth, R. 2005, 243

Für das Kind trägt ein regelmäßig durchgeführter und gewollter Umgangskontakt seinem Bedürfnis nach Beziehung zu beiden Eltern Rechnung. Des Weiteren erleichtert es ihm die Verarbeitung der Trennung und Scheidung der Eltern und ermöglicht eine geschlechtsrollengemäße Persönlichkeitsentwicklung.

In einigen Fällen kann es zu einer Abänderung der elterlichen Sorge gemäß § 1691 Abs. 1 BGB kommen, so dass der bisher nicht sorgeberechtigte Elternteil die Betreuung und Versorgung des Kindes übernehmen muss.

Auch kann der betreuende Elternteil sterben oder ernstlich erkranken, so dass er an der Ausübung der elterlichen Sorge gehindert ist. Dann kann ein regelmäßig ausgeübter Umgangskontakt den Übergang des Kindes zum anderen Elternteil wesentlich erleichtern (Balloff 2004, 188-189).

2.6 Zusammenfassung

Durch das Neue Kindschaftsrecht von 1998 verbesserte sich die Rechtsstellung des Kindes, z.B. hat das Kind ein Recht auf Umgang mit jedem Elternteil auch nach einer Trennung und Scheidung. Da die bestehenden Konflikte der Eltern die größten Auswirkungen auf das Scheidungserleben der Kinder haben, versuchen die beteiligten Fachkräfte, konfliktreduzierend auf die Eltern einzuwirken. In außergerichtlichen und gerichtlichen Vermittlungsgesprächen wird versucht, die Eltern für die Bedürfnisse ihrer Kinder zu sensibilisieren, indem sie Informationen bezüglich des Scheidungserlebens und der kindlichen Reaktionen erhalten.

Aufgrund der hohen Komplexität des Scheidungsgeschehens kann meistens nur ein Konfliktbereich in der Beratung durch die Jugendamtsmitarbeiter bearbeitet werden, wie die Herstellung einer einvernehmlichen Umgangsregelung. Eine Aufarbeitung sowie eine Bearbeitung der emotionalen Trennung ist in der direkten Vermittlungs- und Bearbeitungsarbeit der Jugendamtsmitarbeiter in der Regel nicht zu leisten. Scheidungsberatung kann unter den vorhandenen Bedingungen im Jugendamt nur eine Krisenhilfe darstellen.

Zusammenfassend kann festgehalten werden, dass mögliche seelische Beeinträchtigungen des Kindes von der Intensität des familiären Konfliktes, dem bisherigen Verhalten der Eltern, dem Lebensalter des Kindes und seiner bisherigen Persönlichkeitsentwicklung abhängen.

Gerade bei schwierigen Familienverhältnissen, wenn Belastungen vom Kind nicht fern gehalten werden können, wird mit den bestehenden Möglichkeiten, unter Beachtung des Kindeswohls; weiterhin versucht, wenigstens zu einer Konfliktreduzierung beizutragen oder eine Konfliktreduzierung zu erreichen.

3. Lebenslagen der Eltern und Kinder

Seit den 60er Jahren ist eine zunehmende Pluralisierung der Formen familiären Zusammenlebens zu beobachten.

Mit diesem Wandel ist auch ein Anstieg der gesellschaftlichen Akzeptanz von Ein-Eltern-Familien bzw. Alleinerziehenden verbunden.

Ein-Eltern-Familien schneiden beim Vergleich mit Zwei-Eltern-Familien, was die ökonomischen und sozialen Verhältnisse betrifft, deutlich schlechter ab. Des Weiteren wirkt sich die von der Arbeitswelt geforderte Flexibilität zunehmend auf familiäre Lebensformen aus. Zu nennen sind hier die Entkoppelung von Ausbildung und Arbeit, Arbeitslosigkeit, Zeitverträge, Arbeit auf Abruf usw. und die damit einhergehende erhöhte Beschäftigungsunsicherheit. Im Zuge der gesellschaftlichen Veränderungen findet auch eine Loslösung von traditionellen und religiösen Begründungsmustern und den hiermit verbundenen Normen und Leitvorstellungen, was Ehe, Familie, Erziehung, Sexualität sowie die Rolle von Frau und Mann betrifft, statt.

Der weibliche Lebensentwurf ist, heute von einer Doppelorientierung bezüglich Beruf und Familie geprägt. Damit verbunden ist die Forderung nach einer familienfreundlicheren Arbeitswelt und einem bedarfsgerechten Angebot an Kindertageseinrichtungen enthält. Durch den längerfristig andauernden historischen Trend, Sozialisationsleistungen aus der Familie herauszuverlagern, fällt den Kindertageseinrichtungen, Vorschulen, Schulen, sowie der Kinder- und Jugendarbeit ein verstärkter Funktionszuwachs zu.

Die bisherige Entwicklung lässt erkennen, dass die Familie als primärer Lebensmittelpunkt von Kindern, vor allem als Ort zuverlässiger sozialer und emotionaler Beziehungen und Bindungen, vor neuen Herausforderungen steht.[24]

---

[24] Dr. Bindel-Kögel, G. in Seidenstücker, B., Mutke, B. (Hrsg.), 2004, 145 ff.

3.1 Getrennt lebende oder geschiedene Eltern mit und ohne neuen Lebenspartner

Nach einer Trennung und Scheidung befinden sich die betroffenen Mütter und Väter in einem Statusübergang, was ihre wirtschaftliche und psycho-soziale Situation betrifft.

Die Eltern sollten die verschiedenen Phasen des prozesshaften Trennungsgeschehens durchlaufen, wie die Ambivalenzphase, Trennungsphase, Scheidungsphase, Nachscheidungsphase und die Phase der Fähigkeit des Eingehens einer neuen Partnerschaft.[25]

Es sind hauptsächlich immer noch die Mütter, die ihre Kinder nach einer Trennung und Scheidung versorgen und ein Viertel dieser Frauen erhält keinen Kindesunterhalt.

Bei der Empirischen Untersuchung des BMFSFJ, 2003, betreuten 95% aller befragten Mütter mindestens ein minderjähriges Kind nach der Scheidung. Dies traf nur auf 23 % der Väter zu (Fieseler, G., Herborth, R. 2005, 101).

Getrennte Eltern, die bereits eine neue Partnerschaft eingegangen sind, haben häufig das Bestreben, wieder zu einer „normalen" Familie zu werden. Häufig wird in dieser Lebenssituation der Fehler begangen, dass der Umgang des Kindes/ der Kinder zum außen lebenden Elternteil eingeschränkt oder sogar unterbunden wird. Aber auch für den Elternteil, bei dem das Kind lebt, kann es schwer sei, den Umgang des Kindes mit dem außerhalb lebenden Elternteil und dessen neuen Lebenspartner zuzulassen (Lederle von Eckardstein u.a. 1998, 36-37).

Gelingt den Eltern in dieser Umbruchphase ihres Lebens keine Kooperation im Sinne ihres Kindes, dann kann es im beiderseitigen Kontakt der Eltern zu Streitigkeiten oder sogar zu einem „Kampf ums Kind" kommen, was häufig mit sehr hohen Belastungen für alle Beteiligten verbunden ist.

Was die Unterhaltszahlung für das Kind betrifft, wurde ein Zusammenhang zwischen gutem Kindeskontakt und gutem Zahlungsverhalten bzw. zwischen mangelndem Kontakt zum Kind und ausbleibenden Unterhaltszahlungen

---

[25] Schmitz 2000, 22 ff. in Balloff 2004, 48

festgestellt. So kommen unterhaltspflichtige Väter ihren Zahlungen seltener nach, wenn kaum oder fast kein Umgangskontakt mehr zu ihrem Kind besteht. [26]

3.2 Trennungs- und Scheidungskinder

Kinder erleben eine Trennung und Scheidung der Eltern sehr unterschiedlich. Ihr Erleben und ihre Möglichkeiten der Trennungs- und Scheidungsbewältigung hängen vor allem mit ihrem Entwicklungsstand zusammen. Das Trennungs- und Scheidungsgeschehen wird nicht durch den Richterspruch beendet, sondern es ist ein belastendes Lebensereignis, welches eine Vorgeschichte hat und meist noch nach der Trennung und Scheidung nachwirkt.

Trennung und Scheidung sind zunächst ein Ausdruck von Erwachsenenkonflikten, in welche die Kinder unfreiwillig hineingezogen und verwickelt werden. Für Kinder ist eine Trennung und Scheidung der Eltern zunächst immer mit vielfältigen und dramatischen Veränderungen verbunden, was zunächst Ängste beim Kind auslöst, auch wenn es während des Zusammenlebens der Eltern vernachlässigt, geschlagen, misshandelt oder sexuell missbraucht worden sein sollte (Balloff 2004, 50).

Auch werden die Kinder bei der Trennungsbewältigung mit den unterschiedlichen Phasen des Trennungs- und Scheidungsprozesses (Stadium der Unentschiedenheit/ Ambivalenzphase, Stadium der endgültigen Trennung/ Trennungsphase, Stadium der Anpassung an die Trennung/ Scheidungsphase, Stadium der Neudefinition der Familie und der psychischen Trennung/ Nachscheidungsphase) konfrontiert, in welchen sie unterschiedliche Ereignisse und Belastungen erleben und individuelle Reaktionen und notwendige Anpassungsleistungen erbringen müssen (Jaede, Wolf, Zeller-König 1996, 11 ff.).

Je nach Alter zeigen die Kinder die folgenden normalen Gefühlsqualitäten wie Trennungsangst, Protest, Trennungsschmerz und Verzweiflung, Anklammern, Gleichgültigkeit, aber auch wieder Annäherung an die Eltern und wieder gewonnene Stabilität des eigenen Selbst.[27]

---

[26] BMFSFJ (Hrsg.): Wenn aus Liebe rote Zahlen werden, Berlin 2003; Empirische Untersuchung von Andreß, H.J., Borgloh, B. , Güllner, M., Universität Bielefeld in Fieseler, G., Herborth, R. 2005, 104
[27] Figdor 1991 in Balloff 2004, 48 ff.

Die Kinder spüren andererseits auch die seelische Erschütterung (Wut, Depression usw.) und Befindlichkeiten der Eltern und reagieren hierauf.

Es kann gesagt werden, dass „je jünger ein Kind ist, desto hilfloser, verwirrter, beunruhigter und ängstlicher fühlt es sich".[28]

Vor allem anhaltender Streit der Eltern vor, während und nach der Trennung, kann zu vielfältigen Beeinträchtigungen der Kinder im Leistungs- und Gefühlsbereich führen. Krieger 1997 benannte diese wie folgt:
- „Verstrickungen in Loyalitätskonflikte,
- Überfordert sein, wenn sich die Eltern an das Kind als Bündnis- und Gesprächspartner sowie Tröster klammern,
- Rettungsfantasien, die Beziehung der Eltern kitten zu müssen,
- Schuldgefühle,
- Fantasien, von den Eltern nicht mehr geliebt zu werden,
- Sorgen und Ängste um die Zukunft" (Balloff 2004, 48).

Allerdings benötigt das Kind zur Entwicklung einer stabilen sozialen Identität beide Eltern.[29]

Bei Jungen und Mädchen kann sich z.B. eine Vaterabwesenheit in einer unsicheren Geschlechtsrollenidentifikation, sowie negativen Auswirkungen auf das kindliche Selbstwertgefühl und das emotionale Wohlergehen zeigen.[30]

Walper und Gerhard folgerten aus ihren Untersuchungen, dass zumindest in hochstrittigen Familien, reichhaltige, sogar hälftige Kontakte zum getrennt lebenden Elternteil, die positiven Effekte herabsenken, so dass „ein verminderter Kontakt gerade in jenen Familien als hilfreicher Ausweg dienen mag, in denen die Eltern ihre Feindseligkeiten noch nicht überwunden haben und die Kinder dabei instrumentalisieren, indem sie sie in eine Allianz gegen den anderen einbinden wollen."[31]

---

[28] Goldstein/ Solnit 1989, 28ff.; Fthenakis/ Niesel et al. 1982, 143 ff.; Figdor 1991 in Balloff, R. 2004, 50
[29] Zulehner/ Volz 1999; Kindler 2002a; Steinhardt/ Datler et al. 2002 in Balloff, R. 2004, 58
[30] Vgl. LBS- Initiative Junge Familie 1996, 175ff. in Balloff, R. 2004, 58
[31] Walper/ Gerhard 2003, 107 in Balloff 2004, 58

3.2.1 Parental alienation syndrom (PAS)

Das Parenteral alienation syndrom, kurz PAS, wird auch elterliches Entfremdungssyndrom genannt. Hier lehnt das Kind einen Elternteil kompromisslos ab und wendet sich dem anderen Elternteil zu. Nach Gardner (1992) wird PAS als Ergebnis massiver Manipulation oder „Programmierung" eines Kindes durch einen Elternteil verstanden. [32]

PAS kann im Trennungsverlauf bei massiven Konflikten zwischen dem betreuenden Elternteil und dem außen lebenden Elternteil entstehen.

Aus falschen Schutztendenzen, Rache oder Verlustängsten heraus, beeinflusst der betreuende Elternteil, bewusst oder unbewusst das Kind, so dass es die negative Haltung des betreuenden Elternteil gegenüber dem anderen Elternteil übernimmt und diesen ablehnt (vgl. Dettenborn 2001,102).

Das PAS- Geschehen verläuft prozesshaft und im Wechselspiel der folgenden Punkte:
1. „Manipulation durch den betreuenden Elternteil,
2. Anpassung des Kindes an den betreuenden Elternteil durch polarisierendes Verhalten mit der Gefahr psychischer Schädigung
3. Bewältigung und Willensbildung durch das Kind" (Dettenborn 2001, 118).

Des Weiteren unterscheidet Gardner (1992) acht Kardinalsymptome des PAS, welche nicht alle gleichzeitig vorhanden sein müssen; als Beispiel werden hier vier der acht Symptome genannt:
- „Herabsetzungskampagnen, d.h. der abgelehnte Elternteil wird als bösartig, hinterhältig oder gefährlich verunglimpft.
- Die Betonung der eigenen Meinung wird eingesetzt, um sich selbst und andere zu überzeugen, und sei es, indem stereotyp hinzugefügt wird: „Ich weiß genau".
- Ausdehnung der Feindseligkeit auf Angehörige des abgelehnten Elternteils, d.h., dessen Mutter oder neue Freundin wird auch verunglimpft.

---

[32] Gardner 1992 in Dettenborn 2001, 102

- Fehlende Schuldgefühle, d.h., die eigene Feindseligkeit wird gerechtfertigt und schließt nicht aus, dass Geschenke oder Geld gefordert und ihr Ausbleiben heftig beklagt werden."[33]

Wie aus der derzeitigen Fachliteratur hervorgeht, lässt die Diagnose PAS aufgrund der Unschärfe des Konzepts eine weite Spanne der Häufigkeitseinschätzung zu.

Da die Entstehung von PAS und ihr Verlauf eine sehr hohe Komplexität des familiären Geschehens aufweisen, sind immer im Einzelfall die Auswirkungen der getroffenen Maßnahmen und gerichtlichen Mittel (Aussetzung des Umgangsrechts, Anordnung von Umgangskontakten gegen den Willen des Kindes, Sorgerechtsentzug, Zwangsmittel, Beugehaft) auf den kindlichen Entwicklungsprozess, vor allem im Hinblick auf die Möglichkeiten der Stressbewältigung und Willensbildung des Kindes, sowie im Hinblick auf die verfestigte Situation der elterlichen Positionierung im Trennungsverlauf, zu berücksichtigen.

---

[33] Gardner 1992 in Dettenborn 2001, 103 ff.

3.3 Zusammenfassung

Kinder können während ihrer Entwicklung mehrere verschiedene Beziehungskonstellationen erleben wie Kind in einer „normalen" Familie, Kind in einer nicht ehelichen Lebensgemeinschaft, Kind in einer Ein-Eltern-Familie oder/ und Kind in einer Stieffamilie.[34]

Zu den umfeldbezogenen Risikofaktoren eines Kindes gehören zudem eine plötzliche Trennung der Eltern, langjährige Zerrüttungsprozesse, dissoziales Milieu oder die psychische Erkrankung von Bezugspersonen (Dettenborn 2001, 56).

Während einer Trennung/ Scheidung besteht zunächst ein Konflikt zwischen den Ehepartnern. Die Kinder werden meist unfreiwillig in diesen hineingezogen (Lederle von Eckardstein u.a. 1998, 8). Dabei hängen die emotionalen Reaktionen der Kinder, sowie ihre Fähigkeit zur Trennungsbewältigung, von ihrer erreichten kognitiven Sichtweise ab. Jüngere Kinder schätzen diese Krise aufgrund äußerer Ereignisse und Verhaltensweisen der Eltern ein. Ältere Kinder können in ihrer Bewertung subjektive Faktoren, unterschiedliche Motive sowie die soziale Perspektive einbeziehen (Jaede 1996, 17).
Bei den geschiedenen Alleinerziehenden steigt das Armutsrisiko, vor allem bei den Frauen. Somit ist eine Trennung und Scheidung der Eltern auch häufig mit einem Statusverlust verbunden.[35]
Allerdings sei auch darauf hingewiesen, dass Kinder, „deren Eltern einander terrorisieren oder sogar gewalttätig gegeneinander sind, weitaus schwerere Schäden davontragen als Kinder nach einer Trennung oder Scheidung."[36]
Durch eine Trennung und/ oder Scheidung können sich für die Kinder aber auch Ressourcen und Entwicklungspotentiale eröffnen wie die Entwicklung einer größeren Selbständigkeit und mehr Bereitschaft zur Verantwortungsübernahme.[37]
Allerdings benötigt das Kind zur Entwicklung seiner sozialen Identität auch den Kindesvater, wie Untersuchungen im Rahmen der Vaterforschung ergeben haben.[38]

---

[34] Münder, np 1990, 352 in Fieseler, G., Herborth, R., 2005, 113
[35] Dr. Gabriele Bindel-Kögel in B. Seidenstücker/ B. Mutke (Hrsg.) 2004, 147-148
[36] Wallerstein/ Blakeslee 1989, 355; Furstenberg/ Cherlin 1993 in R. Balloff, 2004, 59
[37] Schwarz/ Noack 2002, 325 in Balloff, 2004, 56
[38] Zulehner/ Volz 1999; Kindler 2002a; Steinhardt/ Datler et al. 2002 in Balloff 2004, 58

Kindeswohl und Kindeswille sind die Begriffe, welche im Zusammenhang mit PAS in der derzeitigen Fachliteratur heftig diskutiert werden und umstrittene Sichtweisen hervorbringen. Deutlich wird, aufgrund der Komplexität des familiären Geschehens, die Notwendigkeit einer multidiziplinären Zusammenarbeit der Fachkräfte, wie Familienrichter, Rechtsanwälte, Sozialarbeiter und Psychologen. Lehmkuhl und Lehmkuhl stellten sich sogar die Frage, ob es sich bei PAS wirklich um ein neues Syndrom handelt, denn wenn Kinder großen Ambivalenzen und Loyalitätskonflikten ausgesetzt sind, kann der Kontaktabbruch zu einem Elternteil auch eine Entlastung für sie darstellen (vgl. Lehmkuhl, Lehmkuhl 1999, 160).

So wird in der einschlägigen Literatur ebenfalls beschrieben, dass gerade in hochstrittigen Familien, in welchen Eltern ihre Kinder instrumentalisieren, eine Reduzierung der Umgangskontakte zum anderen Elternteil zunächst ein Ausweg darstellen kann.[39]

Im Folgenden werden ausgewählte Hilfen des Jugendamtes und des Familiengerichts dargestellt.

---

[39] Walper/ Gerhard 2003, 107 in Balloff 2004, 58

4. Regelungshilfen

Im nun folgenden Text werden Modelle vorgestellt, die bei einer Regelung der Scheidungsfolgen vor, während und nach dem juristischen Verfahren eingesetzt werden können.

Bei der Darstellung der Regelungshilfen beschränke ich mich auf die unterschiedlichen Formen des begleiteten Umgangs und der Verfahrenspflegschaft, so dass im Rahmen dieser Studie die weiteren Regelungshilfen wie Mediation, Bewältigungshilfen, Gruppeninterventionen für Scheidungskinder und therapeutische Angebote usw. nicht thematisiert werden.

Die „Hilfe zur Erziehung" zählt nicht zu den in der einschlägigen Literatur beschriebenen Regelungshilfen. Ich führe sie jedoch hier an, da diese Hilfe von den Eltern, bei Vorliegen der Anspruchsvoraussetzungen, auch vor, während oder nach einer Trennung und Scheidung beantragt werden kann.

4.1 Begleiteter Umgang

Der begleitete Umgang hat durch die Kindschaftsrechtsreform vom 01.07.1998 seine gesetzliche Grundlage gemäß § 1684 Abs. 4 S. 3 u. 4 BGB erhalten.
In der Literatur werden unterschiedliche Begriffe und Formen bezüglich einer Umgangsbegleitung verwendet.
Salzgeber z. B. unterscheidet drei Formen der Umgangsbegleitung:
- der begleitete Umgang (partielle Begleitung)
- betreuter Umgang (Umgang mit Beratung)
- beaufsichtigter Umgang (hier wird das Kind während dem Umgangskontakt andauernd beaufsichtigt, so dass ein geschützter Rahmen für das Kind geschaffen wird).[40]

Durch meine Tätigkeit im Jugendamt konnte ich erfahren, dass Eltern sich auch freiwillig an den Jugendamtsmitarbeiter wenden, damit der Umgang zwischen dem Kind und dem anderen Elternteil wieder hergestellt wird. Dies ist dann besonders sinnvoll, wenn das noch sehr junge Kind z.B. den Kindesvater längere Zeit nicht mehr gesehen hat. Die Umgangsbegleitung findet nur vorübergehend,

---

[40] Salzgeber 2001, 186 in Balloff 2004, 194

entweder durch den Jugendamtsmitarbeiter selbst, durch eine beauftragte kontaktbegleitende Person oder durch eine Institution statt.

Gemäß § 18 Abs. 3 KJHG hat das Kind einen Anspruch auf Mitwirkung des Jugendamtes im familiengerichtlichen Verfahren, so dass das Jugendamt auch dann noch die Möglichkeit hat, dem Kind einen begleiteten Umgang anzubieten. Des Weiteren kann das Jugendamt nicht vom Gericht zu einer Durchführung eines begleiteten Umgangs verpflichtet werden.
In den Fällen des begleiteten Umgangs liegt somit eine „im Gesetz festgelegte koordinierte Kooperation des Familiengerichts mit dem Jugendamt auf der Grundlage des § 49 FGG und § 50 KJHG vor" (Balloff 2004, 194).

Außerdem können sich die Eltern vor dem Familienrichter auf einen begleiteten Umgang in Form einer Kontaktanbahnung einigen. Der Richter formuliert während der Sitzung eine entsprechende Bereitschaftserklärung der Eltern, in welche weitere Vereinbarungen bezüglich der Durchführung aufgenommen werden können.

Ein begleiteter Umgang kann bei einer Gefährdung des Kindeswohls gerichtlich angeordnet werden, z.B. bei:
- sexuellem Missbrauch, Gewaltanwendung/ Misshandlung, Vernachlässigung und Verwahrlosung
- einer psychischen Erkrankung eines Elternteils, wodurch die Erziehungsfähigkeit erheblich eingeschränkt wird, wie Psychosen, psychopathologischen Persönlichkeitsstörungen, Alkoholismus und Drogenabhängigkeit
- extremster Abwertung des anderen Elternteils und Verhaltensauffälligkeiten des Kindes, wie Leistungsstörungen und Bettnässen
- längerem Krankenaus- , Auslands- oder Gefängnisaufenthalt eines Elternteiles, wodurch ein längerer Kontaktabbruch zum Kind entstanden ist
- und Entführungsgefahr

Auch bei diesen Beschlüssen können weitere Modalitäten festgelegt werden wie Ort, Zeit, Umfang, Institution und kontaktbegleitende Person. In diesem Zusammenhang können jetzt Formulierungen wie „kontrollierter Umgang", „überwachter Umgang" oder „beschützter Umgang" verwendet werden.

Bei einer gerichtlichen Anordnung ist der Kontaktbegleiter dazu verpflichtet, dem Familiengericht Auskunft über das Zustandekommen der vereinbarten Termine und über deren Verlauf zu geben.

Nach § 1684 Abs. 4 BGB liegt die Hauptfunktion der Kontaktbegleitung in dem Schutz des Kindes vor schädlichen Einflüssen.

Neben dem Schutz des Kindes vor schädlichen Einflüssen sollen die Eltern beim Zustandekommen des Eltern-Kind-Kontaktes unterstützt werden. Des Weiteren sollen sich die Eltern-Kind-Beziehungen durch vermittelnde Gespräche und Anleitung beim Umgang wieder normalisieren. Darüber hinaus werden die Eltern für die Bedürfnisse des Kindes sensibilisiert. Somit trägt die Kontaktbegleitung zu einer Verbesserung der Qualität der Eltern-Kind-Beziehung bei, auch dann wenn keine regelmäßigen Kontakte zustande kommen und eine Normalisierung der familiären Beziehung nicht in Aussicht ist. Auch das Vertrauen in die gegenseitige Erziehungsfähigkeit der Eltern wird gestärkt, so dass Bedenken der Kindesmutter oder des Kindesvaters ausgeräumt werden können. Der begleitete Umgang kann auch eine Hürde für den Kindesvater darstellen, durch die das väterliche Engagement getestet werden kann.[41]

---

[41] Vgl. Vergho in Buchholz- Graf, Vergho (Hrsg.) 2000, 222

4.2 Verfahrenspfleger

Durch die allgemein akzeptierten Grundsatztexte der UN-Kinderrechtskonvention wurden auch in der Bundesrepublik Deutschland Impulse für eine Verbesserung der rechtlichen Stellung des Kindes gegeben, so dass durch die Kindschaftsrechtsreform jetzt im Scheidungsverfahren ein Verfahrenspfleger gemäß § 50 FGG bestellt werden kann, um die rechtlichen Interessen des Kindes wahrzunehmen. Der Verfahrenspfleger wird auch „Anwalt des Kindes" genannt.[42]

Vor der Kindschaftsrechtsreform wurde das Kind im Gerichtsverfahren durch die Bestellung eines Ergänzungspflegers gemäß § 1909 BGB gesetzlich vertreten. Hierdurch wurden die Rechte der gesetzlichen Vertreter nach den §§ 1795, 1796 BGB eingeschränkt. Nach neuem Recht begleitet der Verfahrenspfleger das Kind als Prozessbeteiligter im gerichtlichen Verfahren und das an Stelle der gesetzlichen Vertreter, ohne dass den Eltern die Vertretungsvollmacht entzogen werden müsste (Balloff 2004, 106).

In § 50 FGG wird beschrieben, wann die Bestellung eines Verfahrenspflegers durch das Gericht für das minderjährige Kind erforderlich wird.

Dies erfolgt dann, wenn:

- „das Interesse des Kindes zu dem seiner gesetzlichen Vertreter in erheblichen Gegensatz steht (z.B. in strittigen Sorgerechtsverfahren oder Umgangsverfahren)
- Gegenstand des Verfahrens Maßnahmen wegen Gefährdung des Kindeswohls sind, mit denen die Trennung des Kindes von seiner Familie oder die Entziehung der gesamten Personensorge verbunden ist (z.B. Kindesmisshandlung, Vernachlässigung usw.) oder
- Gegenstand des Verfahrens die Wegnahme des Kindes von der Pflegeperson oder von dem Ehegatten oder Umgangsberechtigten ist."[43]

Ein Verfahrenspfleger kann erst vom Gericht bestellt werden, wenn nach Anfangsermittlungen des Gerichts die Tragweite des Falls diesem bekannt geworden ist (Balloff 2004, 106).

---

[42] Vgl. Lehmann 2000, 123 und Fegert in Fegert (Hrsg.) 1999, 88
[43] Vgl. Schwab, Wagenitz 1998, 474 und Balloff 2004, 107-108

Im pflichtgemäßen Ermessen des Gerichtes steht auch die Auswahl des Verfahrenspflegers, so dass je nach Vorliegen des Einzelfalls Juristen, Sozialpädagogen und Psychologen für ein Kind oder Jugendlichen als Verfahrenspfleger bestellt werden können.[44]

Der Verfahrenspfleger nimmt dann anstelle der sorgeberechtigten Eltern die Interessen des Kindes im Gerichtsverfahren wahr. Somit nimmt er am gerichtlichen Vermittlungsverfahren teil und kann Anträge stellen oder Anregungen geben.

Er hat ebenso wie die Eltern ein volles Akteneinsichtsrecht bei Gericht.

Bezüglich der Bestellung und der Position eines Verfahrenspflegers bestehen in der einschlägigen Literatur unterschiedliche Sichtweisen. Linsler vertritt z.B. die Ansicht, dass sich durch den Einsatz eines Verfahrenspflegers die bestehenden familiären Konflikte verschärfen würden. Nach Salzgeber sollte ein Verfahrenspfleger nur „spärlich" eingesetzt werden.[45]

Allerdings handelt es sich nach Willutzki bei der Bestellung eines Verfahrenspflegers durch das Gericht nicht um eine „Kann-Bestimmung" wie zunächst angenommen, sondern um eine obligatorische Verpflichtung. Dies ergibt sich aus der Begründung, wann ein Anwalt des Kindes bestellt werden soll, und zwar „soweit dies zur Wahrnehmung der Kindesinteressen erforderlich ist".[46]

Handelt ein Verfahrenspfleger fachlich qualifiziert, dann kann er dem Kind Hilfe und Unterstützung bieten in seiner schwierigen Lebenssituation, ohne bereits bestehende Konflikte zu verschärfen (vgl. Balloff 2004, 109-110).

---

[44] Mühlens, Kirchmeier et al. 1998, 321 in Balloff 2004, 102
[45] Salzgeber 1998, 83 in Balloff 2004, 109
[46] Willutzki in Brauns-Hermann u.a. (Hrsg.) 1997, 22

4.3 Hilfe zur Erziehung

Leistungsangebote wie die Hilfe zur Erziehung, welche in den §§ 27 ff. Kinder- und Jugendhilfegesetz (KJHG) verankert sind, haben Vorrang gegenüber Eingriffen in das Elternrecht. Die Personensorgeberechtigten haben einen Anspruch auf diese Hilfe. Allerdings muss dieser Anspruch von ihnen zuerst geltend gemacht werden, z.B. über eine entsprechende Antragstellung; je nach geltendem Landesrecht kann dies mündlich und/ oder schriftlich geschehen. Antragsberechtigt sind die Personensorgeberechtigten, da sie auch Inhaber des Erziehungsrechts gemäß der §§ 1626, 1629 und 1631 BGB sind.[47]

Auf den „offenen Katalog" der Hilfen zur Erziehung verweist § 27 Abs. 2 KJHG, welche in den folgenden §§ 28-35 KJHG aufgeführt sind. Hierzu zählt die Erziehungsberatung (§ 28 KJHG), soziale Gruppenarbeit (§ 29 KJHG), Erziehungsbeistand (§ 30 KJHG), Sozialpädagogische Familienhilfe (§ 31 KJHG), Erziehung in einer Tagesgruppe (§ 32 KJHG), Vollzeitpflege (§ 33 KJHG), Heimerziehung, sonstige betreute Wohnformen (§ 34 KJHG) und die intensive sozialpädagogische Einzelbetreuung (§ 35 KJHG).

Nach dem Individualisierungsgrundsatz müssen alle Hilfen zur Erziehung auf den Einzelfall zugeschnitten sein und das „engere soziale Umfeld" wie Familie, Freunde, Nachbarn, Schule usw. mit einbeziehen.

Um die Hilfe zur Erziehung gewähren zu können, müssen die Anspruchsvoraussetzungen erfüllt sein. So muss eine dem Wohl des Kindes oder Jugendlichen entsprechende Erziehung nicht gewährleistet sein. Des Weiteren muss die Hilfe geeignet und notwendig sein; dies bedeutet, dass andere Leistungen des Gesetzes nicht ausreichend sind und dass die Hilfe den festgestellten erzieherischen Bedarf in der Zukunft decken können muss (Fieseler, Herborth 2005, 84-86).

Gemäß § 36 Abs. 2 Satz 2 KJHG ist ein Hilfeplan mit allen Beteiligten zu erstellen, welcher in regelmäßig festgelegten Abständen erneut überprüft wird. Der Hilfeplan nach § 36 KJHG enthält neben dem festgestellten erzieherischen Bedarf die Wünsche der Leistungsberechtigten, die Ziele der Hilfe sowie die Angaben über die Hilfeleistung, die beteiligten Personen und Einrichtungen und deren Aufgaben sowie den Zeitraum des Hilfebedarfs.

---

[47] Gastiger, Oberloskamp, Winkler 2004, 39-40

Allerdings kann der Staat, selbst wenn eine Hilfe notwendig ist, Eltern und Kinder nicht dazu zwingen, Leistungen in Anspruch zu nehmen. Sollte eine Gefährdung des Kindeswohls bekannt werden, dann müssen andere Maßnahmen ergriffen werden, so dass zu diesem Zeitpunkt keine Hilfeplanung im Rahmen des § 36 KJHG mehr möglich ist.[48]

Da ein Hilfebedarf zur Erziehung in unterschiedlichen Lebenslagen der Betroffenen entstehen kann, kommt es auch vor, dass Eltern, welche sich vor, während oder nach einer Trennung und/ oder Scheidung befinden, Unterstützung in Form von Hilfe zur Erziehung beantragen. Auch hier sollten die Eltern im Sinne ihrer Kinder kooperieren, da in der Regel die gemeinsame elterliche Sorge weiter besteht.

Im Rahmen dieser Hilfeleistung kann z.B. der Wunsch des Kindes nach mehr Umgangskontakten zum getrennt lebenden Elternteil erneut oder verstärkt von diesem formuliert werden. Der Wunsch des Kindes, sowie dessen Umsetzung, kann dann mit allen Beteiligten im Hilfeplangespräch besprochen werden.

Wie die Erhebungen der Kinder- und Jugendhilfestatistik über erzieherische Hilfen belegen, sind Kinder und Jugendlichen, die nicht mehr bei beiden Elternteilen leben, bei allen Arten der Hilfe zur Erziehung überrepräsentiert.[49]

---

[48] Stadtjugendamt Ludwigshafen (Hrsg.) 2003, 55, 59
[49] Stellungnahme der Bundeskonferenz für Erziehungsberatung (bke) e.V. in Jugendhilfe 43 5/2005, 260

4.4 Zusammenfassung

Die Regelungshilfen wie begleiteter Umgang und Verfahrenspflegschaft sollen dazu beitragen, dass sich psychische Belastungen für Kinder und Eltern erheblich reduzieren.

Der begleitete Umgang soll das Zustandekommen des Eltern-Kind-Kontaktes unterstützen und gleichzeitig das Kind vor schädlichen Einflüssen schützen. In der einschlägigen Literatur werden unterschiedliche Formen des begleiteten Umgangs beschrieben.

Des Weiteren wurde der Verfahrenspfleger mit dem Ziel einer besseren Wahrnehmung der Kindesinteressen im Scheidungsverfahren eingeführt, der auch „Anwalt des Kindes" genannt wird.

Allerdings scheint es für das Gericht einfacher zu sein, die Gegensätze zwischen den Interessen des Kindes und seiner gesetzlichen Vertreter zu erkennen, als die tatsächlichen Interessen und Basisbedürfnisse des Kindes in Erfahrung zu bringen.

Wie bereits beschrieben, wurde die Hilfe zur Erziehung bei den Regelungshilfen mit aufgeführt, da auch in Hilfeplangesprächen die Herstellung von Umgangskontakten zu dem außerhalb lebenden Elternteil mit thematisiert werden können.

5. Methodisches Vorgehen

Das fünfte Kapitel beschreibt das methodische Vorgehen der Aktenanalyse zum Umgangsrecht. Dabei wird das Forschungsproblem mit den zu testenden Fragen ausführlich dargestellt. Die weiteren Ausführungen, wie die Entwicklung des Erhebungsbogens, die Beschreibung der Gütekriterien (Reliabilität, Validität), sowie die Auswahl und Definition der Variablen, sollen die Transparenz des Ablaufs der Aktenanalyse erhöhen. Des Weiteren wird die angewandte Methode zur Auswertung der Daten mit Hilfe der Software SPSS beschrieben. Abschließend werden die Ergebnisse dargestellt und diskutiert.

5.1 Aktenanalyse

Die Handakten des Allgemeinen Sozialen Dienstes enthalten schriftlich festgehaltene Vorgänge und Sachverhalte. Diese beinhalten Informationen über Handlungsweisen der Jugendamtsmitarbeiter, aber auch über menschliches Denken, Fühlen und Handeln der Klienten, welche bereits in Schriftform vorliegen und nicht erst durch andere Methoden erhoben werden müssen (Maring 2002, 47-49).

Ihren Bedeutungsgewinn verdanken diese Dokumente "vor allem dem säkularen Trend zur Verrechtlichung und Organisierung aller Lebensbereiche, insbesondere der Entwicklung einer modernen Verwaltung, die sich wesentlich durch das Prinzip der Aktenförmigkeit auszeichnet."[50]

Zielgruppe dieser Aktenanalyse sind Eltern, die getrennt leben und gemeinsame minderjährige Kinder haben, Unterstützung bei der Erarbeitung von Umgangsregeln durch das Jugendamt und ggf. durch das Familiengericht in Anspruch genommen haben.

Durch meine Tätigkeit im Jugendamt und die Bearbeitung solcher Fälle erhielt ich Zugang zu diesen Handakten. Da ich erst seit kurzem in diesem Bereich tätig bin und laufende Fälle meiner Kollegen/ Kolleginnen übernommen habe, ist eine gewisse Vielfalt der individuellen Bearbeitung und Vorgehensweise im Rahmen der vorgegebenen Strukturen gegeben. Diese Vielfalt der Fallbearbeitung stellt für mich ein Qualitätskriterium bei der Datenerhebung dar.

---

[50] Wolff in Flick/ Kardorff/ Steinke (Hg.) 2005, 502

Mit Hilfe eines selbst entwickelten Erhebungsbogens zum Umgangsrecht werden laufende, ruhende und abgeschlossene Fälle zur Datenerfassung genutzt.

5.2 Erstellung der Forschungsfragen und der Hypothese

Im Theorieteil wurde bereits angeführt, dass der Gesetzgeber durch das neue Kindschaftsrecht konkretisiert hat, dass es zum Wohl des Kindes gehört, Umgang mit beiden Elternteilen zu haben. Dabei sollen die Kontaktwünsche der Eltern nicht im Vordergrund stehen. Erste Priorität hat das Kindeswohl! Bei der Herstellung von Umgangskontakten ist der Kindeswille, je nach Entwicklungsstand des Kindes, angemessen zu berücksichtigen. In der Praxis konnte ich nun beobachten, dass die Umsetzung der Forderungen des Gesetzgebers in der täglichen Arbeit mit dem Klienten schnell an Grenzen stoßen kann. Auch werden Grenzen ersichtlich, wenn ein Elternteil sich zur Klärung der Situation an das Familiengericht gewandt hat. So kann es vorkommen, dass ein Elternteil resigniert und sich zurückzieht, weil die Herstellung der Umgangskontakte trotz mehrmaliger Vermittlungsversuche durch den Jugendamtsmitarbeiter und/ oder durch eine gerichtliche Entscheidung, nicht dauerhaft hergestellt werden konnte. Es kann aber auch vorkommen, dass gerade ältere Jugendliche den Umgang mit einem Elternteil verweigern und dass deshalb keine Umgangskontakte zu einem Elternteil hergestellt werden können. Des Weiteren können die Eltern ihren „Kampf" um das Umgangs- und Sorgerecht über mehrere Jahre fortführen, wobei jeder Elternteil die Meinung vertritt, die Interessen und die Bedürfnisse seines Kindes am besten zu kennen und wahrnehmen zu können.

Bei der Bearbeitung dieser Fälle stellte sich mir immer wieder die Frage: „Wie kann es dazu kommen, dass es den Helfern[51] in einigen Fällen, trotz der vielfältigen Handlungsmöglichkeiten, nicht dauerhaft gelingt, eine Umgangsregelung mit den Eltern, unter Berücksichtigung der Kindesinteressen, zu erarbeiten?"

Wie bereits im Theorieteil ersichtlich, wurden die rechtlichen Möglichkeiten der Helfer sowie die vielfältigen Lebenssituationen in welchen sich Kinder, Jugendliche und Eltern befinden können, beschrieben.

---

[51] Unter „Helfern" werden in diesem Zusammenhang Jugendamtsmitarbeiter und Familienrichter verstanden.

Im Folgenden werden verschiedene Aspekte benannt, welche die Komplexität des Geschehens der Umgangsregelung beeinflussen bzw. die Komplexität der Umgangsregelung erhöhen können.

Hierzu zählen:
- der Zeitraum der Herstellung der Umgangskontakte.
  Hier kann es immer wieder zu belastenden Situationen für die betroffenen Kinder und Jugendlichen kommen z.B. durch eine Anhörung des Kindes/ der Kinder vor dem Familiengericht oder durch die Durchführung eines begleiteten Umgangs.
- die Erfassung der Sorgerechtsform sowie die Erfassung, ob ein Elternteil oder die Eltern einen Antrag auf Änderung der elterlichen Sorge oder auf Übertragung von Teilen der elterlichen Sorge gestellt haben.
- das Alter der Kinder und Jugendlichen.
  Das Alter des Kindes/ der Kinder enthält für den Jugendamtsmitarbeiter Informationen über den möglichen Entwicklungsstand und die hiermit einhergehenden Möglichkeiten der kognitiven Bewältigung des Geschehens.
- die Erfassung der Beantragung von Prozesskostenhilfe.
  Sie stellt die einzige Möglichkeit dar, aus den Handakten Informationen über die wirtschaftliche Situation der betroffenen Eltern zu erhalten.
- die Interventionsformen der Jugendamtsmitarbeiter.
  Aufgrund der Vielzahl der zu bearbeitenden Fälle können die Jugendamtsmitarbeiter Familienrechtsangelegenheiten häufig nur mit einem geringen Zeitbudget bearbeiten. Hier interessiert es mich zu erfahren, welche Interventionsformen trotz knapper zeitlicher Ressourcen wie formelles Anschreiben, Einzelgespräch, Hausbesuch etc. genutzt werden.
- die Inanspruchnahme eines Vermittlungsgesprächs im Jugendamt.
  Ein Vermittlungsgespräch ist ein Angebot, das „Freiwilligkeit" der Betroffenen voraussetzt. Hierbei möchte ich in Erfahrung bringen, ob dieses Angebot von den Eltern wahrgenommen wurde. Durch meine berufliche Tätigkeit in diesem Bereich ist mir bekannt, dass ein Elternteil von vornherein das Angebot einer einvernehmlichen Regelung im

Jugendamt ablehnen kann. Die Gründe hierfür können unterschiedlicher Art sein wie: „Das bringt sowieso nichts. Ich habe keine Zeit. Mir reicht es jetzt. Ich habe schon so viel versucht, das wird auch nichts bringen. Ich setze mich nicht mehr mit der Expartnerin oder dem Expartner an einen Tisch. Ich komme nur, wenn mein neuer Lebenspartner oder Lebenspartnerin ebenfalls am Gespräch teilnehmen kann." Es kann auch vorkommen, dass auf Wunsch eines Elternteils der andere Elternteil zu einem Vermittlungsgespräch eingeladen wird und der auftraggebende Elternteil kommt nicht zu dem vereinbarten Gesprächstermin und sagt ihn auch nicht ab.

- die Problemlagen welche dem Jugendamtsmitarbeiter zusätzlich bekannt werden.

  So können dem Jugendamtsmitarbeiter bei der Fallbearbeitung weitere Problemlagen der Eltern wie Suchtmittelabhängigkeit, Partnerschaftsgewalt, Vernachlässigung des Kindes usw. bekannt werden. Diese Informationen müssen dann im weiteren Fallverlauf mitberücksichtigt und bearbeitet werden, um eine mögliche Kindeswohlgefährdung bei den Umgangskontakten mit dem anderen Elternteil ausschließen zu können.

- die Hilfe zur Erziehung.

  Die Jugendamtsmitarbeiter sind nicht nur für die Beratung gemäß §§ 17 und 18 KJHG zuständig, sondern auch für die Hilfen zur Erziehung und deren Einleitung. Die Hilfe zur Erziehung gehört zu den Leistungen der Jugendhilfe und kann von den sorgeberechtigten Personen beantragt werden, somit auch vor oder während einer Umgangsherstellung.

- die Mitwirkung des Jugendamtsmitarbeiters im gerichtlichen Verfahren.

  Hier kann es vorkommen, dass der Jugendamtsmitarbeiter mehrmals in einer Familienrechtsangelegenheit mitwirkt.

- die Maßnahmen des Familiengerichts.

  Das angerufene Familiengericht beeinflusst oder gibt den weiteren Verlauf der Umgangsregelung vor.

Die oben beschriebenen Aspekte bildeten die Grundlage zur Erstellung der Forschungsfragen und der Hypothese.

Forschungsfragen:
- Wie ist die Verteilung der Häufigkeiten bzgl. des Interventions- Beginn?
- Wie ist die Verteilung der Häufigkeiten bzgl. des Interventions- Endes?
- Wie ist die Verteilung der Häufigkeiten bzgl. der Interventionen, die weiterlaufen und noch nicht abgeschlossen wurden?
- Welches ist die häufigste Sorgerechtsform, die vorliegt?
- Wie sieht die Verteilung der alleinigen elterlichen Sorge zwischen Müttern und Vätern aus?
- Wie häufig wird im Verlauf einer Umgangsherstellung eine Sorgerechtsänderung durch einen Elternteil oder die Eltern beantragt?
- Wie ist die Altersstruktur der betroffenen Kinder?
- Wie viele Mütter und wie viele Väter beantragen Prozesskostenhilfe bei einer familiengerichtlichen Klärung ihrer Umgangsstreitigkeiten?
- Welches sind die häufigsten Interventionen, die von den Jugendamtsmitarbeitern genutzt werden?
- Welches ist die häufigste Art der Kontaktaufnahme zu den Eltern oder einem Elternteil?
- Wie häufig werden Einzelgespräche mit den Eltern und wie häufig werden Einzelgespräche mit den Kindern geführt?
- Wie häufig wird im Rahmen einer Umgangsherstellung ein Hausbesuch durchgeführt?
- Wie häufig werden Besuchskontakte mit den Eltern schriftlich im Jugendamt vereinbart?
- Wie ist die Verteilung bzgl. der Anzahl der durchgeführten Vermittlungsgespräche im Jugendamt?
- Welches sind die häufigsten Problemlagen, mit denen die Jugendamtsmitarbeiter zusätzlich konfrontiert werden?
- Wie häufig erfährt der Jugendamtsmitarbeiter vom Suchtverhalten eines Elternteils oder von bestehender Partnerschaftsgewalt?

- Wie häufig wird der Verdacht oder der begründete Verdacht des sexuellen Missbrauchs des Kindes im Rahmen einer Umgangsherstellung bekannt?
- Welche Problemlagen wurden selten oder kaum erfasst?
- Wie häufig wurde Hilfe zur Erziehung beantragt?
- Wie ist die Verteilung der Häufigkeiten bei der Mitwirkung im Verfahren vor dem Familiengericht durch den Jugendamtsmitarbeiter?
- Wie ist die Verteilung der Häufigkeiten bei den Maßnahmen, die von den Familienrichtern angeordnet wurden?
- Welches ist die häufigste Maßnahme, die von den Familienrichtern zur Herstellung von Umgangskontakten eingesetzt wurde?

Die oben angeführten Fragen werden unter dem Punkt 5.8 deskriptiv analysiert. Hierbei ist anzumerken, dass bei der deskriptiven Analyse sich die Ergebnisse nur auf die untersuchte Stichprobe beziehen und nicht darüber hinausgehen.

„Das Hauptziel einer deskriptiven statistischen Analyse besteht darin, die gesamte gesammelte Datenmenge auf einfache und leicht erfassbare Kennwerte und Begriffe zu reduzieren, ohne die ursprünglich erhobenen Informationen allzu sehr zu verzerren oder zu verlieren" (Weinbach, Grinnell 2000, 21).

Außerdem wird bei der weiteren Auswertung versucht, einen möglichen Zusammenhang zwischen der Beantragung von Prozesskostenhilfe durch die Kindesmutter und der Beantragung von Prozesskostenhilfe durch den Kindesvater nachzuweisen. Als korrelationsanalytisches Verfahren wird hier die Produkt- Moment- Korrelation nach Pearson angewandt.

Forschungshypothese:
- Es gibt einen Zusammenhang zwischen der Beantragung von Prozesskostenhilfe durch die Kindesmutter und der Beantragung von Prozesskostenhilfe durch den Kindesvater.

Null-Hypothese:
- Es gibt keinen Zusammenhang zwischen der Beantragung von Prozesskostenhilfe durch die Kindesmutter und der Beantragung von Prozesskostenhilfe durch den Kindesvater.

Mit Hilfe dieser Fragen und der aufgestellten Hypothese werde ich versuchen, die komplexe Situation der Umgangsherstellung aufzuzeigen und darzustellen,
um an anderer Stelle dieser Arbeit die Komplexität der Fälle, welche dem Jugendamtsmitarbeiter bekannt werden, anhand der Ergebnisse zu diskutieren.

5.3 Entwicklung eines Erhebungsbogens

Vor der Erstellung des Erhebungsbogens hatte ich mir überlegt, welche Variablen und deren Ausprägungen (Kategorien) erhoben werden sollen und wie ich diese quantifizieren kann, um meine Untersuchungsergebnisse anschließend statistisch auswerten zu können.

Aufgrund dieser Überlegungen und der mir bereits bekannten Variablen des Untersuchungsgegenstands entstand ein dreiseitiger Erhebungsbogen, um die Handakten des Allgemeinen Sozialen Dienstes auswerten zu können.

Die Variablen des Erhebungsbogens beziehen sich auf einzelne Tatsachen und Tatbestände und werden durch singuläre Aussagen ausgedrückt.[52]

Nach Reicherts (2002) liegt das Tatsachenwissen in Bezug auf die Population oder das Individuum nicht einfach vor, sondern es muss auch durch wissenschaftliche Erhebungen gewonnen werden (Pauls 2004, 30-31).

Mit Hilfe des Erhebungsbogens werden die sozialarbeiterischen Vorgänge in den Handakten ausgewertet. Der Erhebungsbogen enthält überwiegend geschlossene Fragen mit vorgegebenen Antwortmöglichkeiten. Somit wird die quantitative Ausrichtung der Erhebung durch die Verwendung überwiegend geschlossener Fragen deutlich.

Allerdings besteht in einzelnen Bereichen die Möglichkeit, mir noch unbekannte Informationen zu ergänzen, aus welchen neue Variablen gebildet werden könnten.

---

[52] Vgl. Reicherts 2002 in Pauls 2004, 30-31

Der Erhebungsbogen setzt sich aus den folgenden Bereichen und den entsprechenden Variablen zusammen:

- **Zeitraum:** Interventions-Beginn, Interventions-Ende, nicht bekannt, Intervention läuft weiter.

- **Personenbezogene Daten:** gemeinsame elterliche Sorge, alleinige elterliche Sorge der Kindesmutter, alleinige elterliche Sorge des Kindesvaters, sonstiges, Sorgerechtsänderung und die Altersgruppen der Kinder und Jugendlichen wie: „jünger 1 bis 3 Jahre, jünger 4 bis 6 Jahre, jünger 7 bis 9 Jahre, jünger 10 bis 12 Jahre, jünger 13 bis 15 Jahre, jünger 16 bis 18 Jahre."

- **Sozioökonomische Daten:** Prozesskostenhilfe hat die Kindesmutter beantragt, nicht beantragt, nicht bekannt oder sie hat keinen Antrag auf Regelung des Umgangsrechts gestellt; Prozesskostenhilfe hat der Kindesvater beantragt, nicht beantragt, nicht bekannt oder er hat keinen Antrag auf Regelung des Umgangsrechts gestellt.

- **Interventionsformen der Jugendamtsmitarbeiter:** formelles Anschreiben, individuelles Anschreiben, Anruf, Einzelgespräch Kindesmutter/ Kindesvater, Einzelgespräch Kind/ Kinder, Amtsmithilfeersuchen, Hausbesuch, schriftliche Festlegung von Besuchskontakten, keine Intervention bisher erfolgt und sonstiges.

- **Anzahl der angebotenen Vermittlungsgespräche durch den Jugendamtsmitarbeiter:** Vermittlungsgespräch hat einmal stattgefunden, hat zweimal stattgefunden, hat dreimal stattgefunden, hat mehr als dreimal stattgefunden, es hat kein Vermittlungsgespräch stattgefunden, es wurde kein Vermittlungsgespräch angeboten.

- **Problemlagen, welche dem Jugendamtsmitarbeiter bei der Fallbearbeitung bekannt werden:** Suchtverhalten der Eltern, Partnerschaftsgewalt, unterschiedliche Erziehungsvorstellungen, körperliche Gewalt gegenüber dem Kind, Vernachlässigung, sexueller Missbrauch, sonstiges und nicht bekannt.

- **Hilfe zur Erziehung**

- **Mitwirkung im Verfahren vor dem Familiengericht:**
  der Jugendamtsmitarbeiter wirkte im Verfahren vor dem Familiengericht einmal, zweimal, dreimal, mehr als dreimal mit, er wirkte nicht mit oder es wurde kein Antrag auf Regelung des Umgangsrechts gestellt.
- **Maßnahmen des Familiengerichts:** Festlegung von Umgangskontakten, begleiteter Umgang, Verfahrenspfleger, gerichtliche Anordnung, Zwangsmaßnahme, Abänderung der elterlichen Sorge, Gutachten, nicht bekannt, kein Antrag auf Umgangsregelung gestellt und sonstiges.

Da nicht aus allen Akten die gleichen Informationen gewonnen werden können, sind die Antwortmöglichkeit „nicht bekannt", „nicht beantragt", „kein Antrag gestellt", „keine Intervention bisher erfolgt" und „es wurde kein Vermittlungsgespräch angeboten" fester Bestandteil des Erhebungsbogens.

Diese Messwerte sind Angaben darüber, warum hier kein Messergebnis erhoben werden kann (vgl. Kromrey 2006, 221).

Des Weiteren besteht die Antwortmöglichkeit „sonstiges". Hier können die Informationen ergänzt werden, welche mir zusätzlich im Verlauf der Erhebung bekannt werden.

Die Wortabkürzungen neben den Antwortkästchen sind Kodierungen, damit die Ergebnisse in das numerische Denken des Computers übertragen und mit der Software SPSS ausgewertet werden können.

An dieser Stelle möchte ich darauf hinweisen, dass die Daten zunächst mit Angabe einer Fragebogennummer erhoben werden um evtl. fehlende Angaben bei einer zweiten Durchsicht der Handakte ergänzen zu können. Im weiteren Verlauf der Auswertung wird der Fragebogen vollständig anonymisiert, indem die Fragebogennummer unkenntlich gemacht wird.

5.3.1 Pretest

Der Pretest diente dazu, den Erhebungsbogen auf seine Nutzbarkeit hinsichtlich der Fragestellungen zu überprüfen. Dabei wurden drei Handakten gezielt ausgewählt. Die gezielte Auswahl der Handakten fand deshalb statt, da nicht alle Akten die von mir benötigten Informationen enthalten.

Bei der Datenerhebung stellte sich heraus, dass das Erhebungsinstrument gut handhabbar und praktikabel war. Allerdings stellte sich auch heraus, dass der Erhebungsbogen an einigen Stellen verändert werden musste.

5.3.2 Überarbeitung des Erhebungsbogens

Der Erhebungsbogen wurde nach dem Pretest ergänzt durch die Variable „Intervention läuft weiter". Des Weiteren fiel bei der Variable „Sorgerechtsänderung" die Kategorie „nicht bekannt" weg.

Die Variablen bzgl. des Alters des Kindes wurden durch eine Voranstellung des Wortes „ jünger 1 bis 3 Jahre, jünger 4 bis 6 Jahre usw." ergänzt, da der Wunsch nach Umgangskontakten zum Kind auch schon vor dem ersten Lebensjahr bestehen kann.

Auf einem weiteren Erhebungsbogen wurde die ausführliche Codierung zur Übertragung der Kategorien in SPSS festgelegt (siehe Anhang 2).

Zur vereinfachten Datenerfassung wurde der Erhebungsbogen ohne Codierung der Kategorien verwendet (siehe Anhang 2).

Im weiteren Verlauf der Arbeit werden die zentralen Gütekriterien wie Reliabilität und Validität für die quantitative Erhebung zum Umgangsrecht beschrieben.

5.3.3 Reliabilität

Unter Reliabilität (Zuverlässigkeit) wird, vereinfacht ausgedrückt, konsistentes Messen verstanden.

„Reliabilität bezieht sich auf die Frage, ob eine Messung unter denselben Bedingungen zu denselben Messergebnissen führt" (Weinbach, Grinnell 2000, 9).

Da der Erhebungsbogen überwiegend geschlossene Fragen mit vorgegebenen Antwortmöglichkeiten enthält und die Kategorien zuvor von mir definiert wurden, gehe ich davon aus, dass die Messungen mit Hilfe des Messinstruments wahrscheinlich präzise und somit wiederholbar sind.

5.3.4 Validität

„Bei der Validität einer Messung geht es um die Frage, ob eine Messung das misst, was sie zu messen vorgibt" (Weinbach, Grinnell 2000, 9).

Validität bedeutet zunächst Gültigkeit der Messung. Eine Messung kann als gültig betrachtet werden, wenn der Transfer von der theoretischen Ebene zum Gegenstandsbereich gelingt (Kromrey 2006, 200).

In der einschlägigen Literatur werden unterschiedliche Dimensionen der Validität beschrieben. Ich beschränke mich bei der Operationalisierung auf die (sprach)-logische bzw. semantische Gültigkeit. Die semantische Gültigkeit „betrifft die Beziehung zwischen Sätzen, die die Vorschrift beschreiben, und solchen, die die Definition angeben.(...) Der besondere Charakter einer idealen Gültigkeits-beziehung ist sehr schwierig zu formulieren, aber im Wesentlichen bedeutet die vollkommene Gültigkeit einer operationalen Definition, dass die operationale Definition (gemeint ist: empirische Interpretation durch Indikator-Begriffe; H.K.) denselben Inhaltsbereich hat wie die nominelle Definition."[53]

Der von mir entwickelte Erhebungsbogen kann wahrscheinlich erst als valide bezeichnet werden, wenn sich im weiteren Verlauf der Aktenanalyse herausstellen sollte, dass die Messung der Variablen sowohl reliabel, d.h. konsistent als auch korrekt ist (vgl. Weinbach, Grinnell 2000, 10).

Unter Punkt 5.4 wird der Vorgang der Auswahl und Definition der Variablen näher beschrieben.

---

[53] Zetterberg 1973, 119 in Kromrey 2006, 200

5.4 Auswahl und Definition der Variablen

Wie bereits erwähnt erstellte ich den Erhebungsbogen aufgrund der mir aus der praktischen Tätigkeit bekannten Dimensionen des Untersuchungsgegenstands.

Bei der Auswahl der Variablen und der Definition der Variablenausprägungen wurde die einschlägige Literatur zu Hilfe genommen.

Eine Variable ist eine Merkmals- bzw. Eigenschaftsdimension, die mit einem Begriff bezeichnet wird und mehrere Ausprägungen, aber mindestens zwei, annehmen kann. Die Anzahl der Variablenausprägungen hängt überwiegend von der Differenziertheit der begrifflichen Strukturierung und von der Methode der Datenerhebung ab. Allerdings wird sie auch von dem zu beschreibenden Objekt und der Fragestellung, welche der Untersuchung zugrunde liegt, beeinflusst (Kromrey 2006, 226 ff.).

Des Weiteren sind Variablen „Merkmale, die quantitativ oder qualitativ bei den untersuchten Personen (oder Objekten) differieren" (Weinbach, Grinnell 2000, 4).

Eine Variable ist quantitativ, wenn sie „mathematisch interpretierbare Zahlenwerte annimmt" (Kromrey 2006, 227).

Qualitativ ist eine Variable, wenn sie als Ausprägungen verbale Bezeichnungen oder Buchstaben aufweist. Falls den Variablen Zahlen zugeordnet wurden, dürfen diese nicht anhand der mathematischen Relationen interpretiert werden (Kromrey 2006, 227).

So wurde zum Beispiel die quantitative Variable „Vernachlässigung des Kindes" als „Unvermögen des Elternteils, die materiellen und seelischen Grundbedürfnisse des Kindes zu befriedigen und zwar in den Bereichen: angemessene Ernährung, Körperpflege, Kleidung, Beherbergung, Schutz vor äußeren und gesundheitlichen Gefahren, Förderung in ihrer emotionalen und in ihrer kognitiven Entwicklung" definiert.

Als Messregel wurde festgelegt, dass das Vorliegen einer möglichen Vernachlässigung des Kindes anhand eines Aktenvermerks erfasst wird. Nicht erfasst wird, ob dieser Sachverhalt tatsächlich vorgelegen hat. Die vermerkte Äußerung eines Elternteils oder der Eltern reicht hier aus, um das Feld Vernachlässigung auf dem Erhebungsbogen anzukreuzen.

Die Problemlage „Vernachlässigung des Kindes" ist somit sehr weit gefasst, was hier erneut die Frage der Gültigkeit als „Gütekriterium" für die Operationalisierung der Variable aufwerfen kann.

Ursachen für Informationsverzerrungen können einerseits während der Erhebung selbst auftreten oder sie liegen im Instrument begründet (Kromrey 2006, 200 ff.).

Im Anhang befindet sich eine Liste auf welcher die Variablen operationalisiert und die Messoperationen bestimmt wurden. Es geht aus diesen Angaben genau hervor, welche Informationen an welchen Unterlagen innerhalb der Handakte erfasst worden sind.

Ein weiterer wichtiger Punkt ist, neben der Operationalisierung der Variablen und ihrer Ausprägungen, die eindeutige Bestimmung des Messniveaus (Skalenniveaus), um entscheiden zu können, welche statistischen Modelle im Anschluss verwendet werden können.

Nach Stevens geht es beim Messen um "die Zuweisung von Ziffern zu Objekten oder Ereignissen nach Regeln. Und die Tatsache, dass Ziffern nach unterschiedlichen Regeln zugeordnet werden können, führt zu verschiedenen Arten von Skalen und verschiedenen Messarten".[54]

Der Erhebungsbogen besteht sowohl aus nominal-, ordinal- und metrischskalierten Variablen. Die verwendeten Skalentypen bestimmen im weiteren Verlauf der Auswertung, welche Aussagen bzgl. der Messergebnisse zulässig und welche unzulässig sind.

Letztendlich stellen die verwendeten Skalenwerte die Eigenschaftsausprägungen der untersuchten Variablen dar (Kromrey 2006, 242 ff.).

Im Folgenden werden die Kriterien der Stichprobe beschrieben.

---

[54] Stevens 1951, 1 in Kromrey 2006, 219

5.5 Festlegung der Stichprobe

Die Datenerhebung erstreckt sich nicht auf alle Handakten innerhalb des Jugendamtes.

Die Grundgesamtheit setzt sich aus den Akten meines Bezirks zusammen, welche sich seit September 2005 in meinem Zuständigkeitsbereich befinden. Die zuvor zuständigen Kolleginnen und Kollegen übergaben mir diese Fälle nach und nach, so dass im Zeitraum vom 03.08.2006 bis zum 03.11.2006, 120 angelegte Familienakten[55] zur Datenerhebung gesichtet werden konnten. Hierunter fallen auch neu angelegt Handakten. Da dies der gesamte Umfang der derzeitig vorhandenen Familienakten ist, wird dies im weiteren Verlauf der Studie als Vollerhebung für diesen Arbeitsbereich gewertet werden.

Bei der Erhebung der Daten wurden zunächst alle 120 Familienakten gesichtet, allerdings wurden nur die Handakten mit Hilfe des Erhebungsbogens erfasst, die die folgenden Kriterien erfüllten.

- Die Akte muss bis zum 03.11.2006 angelegt sein.
- Die Umgangsherstellung muss nach dem seit 1. Juli 1998 geltenden Kindschaftsrecht erfolgen.
- Die Akte muss im Zeitraum 03.05.2005 bis zum 03.11.2006 mindestens einen aktuellen Aktenvermerk enthalten. Aktueller Aktenvermerk bedeutet in diesem Zusammenhang eine handschriftliche Notiz oder eine schriftliche Mitteilung, welche mit der Post eingegangen oder persönlich abgegeben wurde und sich jetzt in der Handakte befindet.
- Erhoben werden nur die in hiesiger Dienststelle erbrachten Tätigkeiten der Jugendamtsmitarbeiter, da die Zuständigkeit einer Familienrechtssache durch Umzug des Personensorgeberechtigten mit seinem Kind oder seinen Kindern von einem Jugendamtsbereich zu einem anderen wechseln kann.

---

[55] Hierbei ist zu erwähnen, dass eine Familienakte sich aus mehreren einzelnen Handakten zusammensetzen kann, die hier allerdings nur als eine Familienakte gewertet wurde.

5.6 Erstellung der Datenmatrix

Die Auswertung der Daten erfolgte mit dem Computerprogramm SPSS.

Zunächst wurde eine Datenmatrix in SPSS erstellt. Diese besteht aus Zeilen und Spalten. Jede einzelne Zeile steht für einen Erhebungsbogen, insgesamt konnten 35 Erhebungsbögen ausgewertet werden. Des Weiteren steht jede Spalte für eine Variable.

Mit Hilfe des zuvor erstellten Codeplans wurden den einzelnen Fragen des Erhebungsbogens Variablennamen zugeordnet und die Merkmalsausprägungen der einzelnen Variablen mit Codenummern versehen, damit diese in SPSS übertragen werden können (vgl. Bühl, Zöfel 1994, 32 ff.).

5.6.1 Eingabe der Daten

Die codierten Einzeldaten jedes einzelnen Erhebungsbogens wurden in das statistische Computerprogramm SPSS übertragen. Dabei wurde jeder Erhebungsbogen zunächst vollständig erfasst, bevor der nächste Erhebungsbogen an die Reihe kam.

Insgesamt wurden 1995 Einzeldaten eingegeben.

Da keine Zellen der Datenmatrix leer bleiben dürfen und alle Werte empirisch erfasst werden sollen, müssen „fehlende Werte" kenntlich gemacht werden, um auch hier die Gültigkeit der Erhebung weiterhin zu gewährleisten. Das SPSS-Programm kennt zwei Sorten „fehlender Werte". Zum einen die systemdefinierten fehlenden Werte, welche das Programm selbst setzt und zwar dann, wenn Werte nicht eingetragen wurden. Zum anderen die benutzerdefinierten „fehlenden Werte", die gezielt eingesetzt werden können, wenn aus unterschiedlichen Gründen keine Werte erhoben werden konnten. Der Variablenwert des Erhebungsbogens „nicht bekannt" stellt zum Beispiel keinen Messwert dar und zählt somit zu den Benutzerdefinierten „fehlenden Werten". Es ist eine Information, warum kein Messwert vorliegt, d.h. die Frage konnte anhand der Handakte nicht erhoben werden. Im SPSS- Programm wurden von mir keine Systemdefinierten fehlenden Werte definiert, da alle Daten anhand der Familienakten erhoben werden konnten und somit die Fragen vollständig erfasst wurden (vgl. Rinne 2003, 76 und Kromrey 2006, 235 ff.).

Die unter dem Punkt „Sonstiges" erfassten Daten werden nicht in die Datenmatrix übertragen. Sie dienen zur Ergänzung und Erweiterung des Forschungsfelds und werden separat erfasst.

5.6.2 Auswertung der Daten

Die sich anschließende Datenauswertung erfolgte zielgerichtet, d.h. nach den zuvor aufgestellten Fragen.

Um einen ersten Überblick über die Zusammensetzung der untersuchten Fälle zu erhalten wurden Häufigkeitstabellen und statistische Kennwerte ermittelt.

Im Folgenden wird beschrieben, welche Berechnungen mit dem SPSS-Programm zur Auswertung der Forschungsdaten durchgeführt wurden.

5.7 Anwendung Statistischer Verfahren

Nach der Eingabe der Forschungsdaten wurden diese in systematischer Weise organisiert und zusammengefasst. Dies geschah mit Hilfe von Häufigkeitstabellen.

Neben der Häufigkeit wurden die Prozentangaben der einzelnen Kategorien erfasst. Die Prozentangaben der Kategorien geben die Verteilung der eingegebenen Fälle an, einschließlich der fehlenden Fälle. Da es bei dieser Erhebung keine fehlenden Werte gab, sind die Prozentangaben der Kategorien und die Angaben über die „gültigen Prozente" der Kategorien identisch.

Bei der Auswertung können die „kumulierten Prozente" dann genutzt werden, wenn eine Rangfolge hergestellt werden konnte. Allerdings werden die „kumulierten Prozente" von mir bei der Auswertung nicht berücksichtigt.[56]

Zusammenfassend kann gesagt werden, dass sich mit Hilfe der Häufigkeitsverteilungen Tendenzen in einem Datensatz aufzeigen lassen, welche anschließend noch genauer analysiert werden können (Weinbach, Grinnell 2000, 23-28).

Des Weiteren wurden die folgenden Lageparameter wie Modalwert, Median und arithmetisches Mittel bestimmt. Allgemein formuliert geben Lageparameter Auskunft über die Lage einer Verteilung, nicht aber über ihre Form (Gestalt).

---

[56] Gerull, S. 2005, 35 in Gahleitner, S., Gerull, S., Petuya Ituarte, B., Schmalbach- Hardtke, L., Streblow, C.(Hrsg.) 2005

So ist der Modus die Merkmalsausprägung, die bei einer Häufigkeitsverteilung am häufigsten auftritt. Er wird bei der Datenauswertung vor allem bei den nominalskalierten Merkmalen zur Beschreibung der Verteilung verwendet. Der Median setzt ordinalskalierte Merkmale und das arithmetische Mittel (Mittelwert) metrisch skalierte Merkmale voraus. Das arithmetische Mittel gibt vereinfacht gesagt den „Durchschnitt" einer Verteilung an.

Als Streuungsmaß wurde hier die Standardabweichung, welche größere Abstände zum Mittelwert berücksichtigt, berechnet (Weinbach, Grinnell 2000, 43-47, 56). Des Weiteren wurde hier der am wenigsten auftretende Wert „Minimum" und der am häufigsten auftretende Wert „Maximum" mitberechnet.

Zur Darstellung eines Zusammenhangs zwischen zwei Variablen wurde bei der Datenauswertung der klassische Korrelationskoeffizient mit Hilfe der Produkt-Moment- Korrelation nach Pearson berechnet (Weinbach, Grinnell 2000, 148).

Alle Tabellen der deskriptiven Statistik, sowie die Berechnung der Korrelation befinden sich im Anhang 2.

5.7.1 Graphische Darstellung der Daten

Die graphische Darstellung dient ebenso wie das Erstellen von Häufigkeitstabellen zur Organisation und Zusammenfassung der erhobenen Daten. Allerdings gelingt es häufig besser, die Werteverteilungen durch ein allgemeines Bild als durch Häufigkeitstabellen wiederzugeben.

Zur graphischen Darstellung der Forschungsergebnisse wurde das Balkendiagramm und das Kreisdiagramm verwendet.

Das Balkendiagramm gibt durch die Höhe der Balken in der Grafik die Häufigkeiten der einzelnen Wertekategorien wieder. Das Kreisdiagramm repräsentiert durch die einzelnen Segmente Teile des Ganzen, so dass hierdurch eine schnelle Übersicht über die Verteilung von Wertekategorien ermöglicht wird
(Weinbach, Grinnell 2000, 34-37).

5.8 Überprüfung der Forschungsfragen und der Hypothese

Wie bereits zuvor beschrieben werden die angeführten Forschungsfragen deskriptiv analysiert. Die Überprüfung der Hypothese in Hinblick auf das Bestehen eines Zusammenhangs wird mit Hilfe der zuvor beschriebenen Korrelationsanalyse berechnet.

An dieser Stelle möchte ich darauf hinweisen, dass sich alle Tabellen und Graphiken, aus welchen die Ergebnisse zur Beantwortung der Forschungsfragen, aber auch das Ergebnis zur Berechnung der Korrelation, in Anhang 2 befinden.

Ergebnisdarstellung:

Wie ist die Verteilung der Häufigkeiten bzgl. des Interventions-Beginns?

Die häufigsten Interventionen bzgl. der Herstellung von Umgangsvereinbarungen begannen im Zeitraum von 07/2005 bis 06/2006 mit insgesamt 15 von 35 Fällen (42,9%).

Die zweithäufigsten Interventionen begannen im Zeitraum von 07/2003 bis 06/2004 mit 7 von 35 Fällen (20%), gefolgt mit 4 von 35 Fällen (11,4 %) im Zeitraum von 07/2004 bis 06/2005.

In den Zeiträumen von 07/2000 bis 06/2001, 07/2001 bis 06/2002 und 07/2002 bis 06/2003 begannen je 2 von 35 Fällen (je Zeitraum 5,7%), gefolgt von dem Zeitraum 07/1998 bis 06/1999, in welchem 1 von 35 Fällen (2,9%) begann.

Wie ist die Verteilung der Häufigkeiten bzgl. des Interventions-Endes?

10 von 35 Fällen (28,6 %) endeten im Zeitraum von 07/2005 bis 06/2006, gefolgt von 5 von 35 Fällen (14,3%), die im Zeitraum von 07/2006 bis 06/2007 endeten.
In den Jahren zuvor, d.h. von 07/2002 bis 06/2003, 07/2003 bis 06/2004 und von 07/2004 bis 06/ 2005, endete jeweils 1 von 35 Fällen (2,9%) je angeführtem Zeitraum.

Wie ist die Verteilung der Häufigkeiten bzgl. der Interventionen, die weiterlaufen und noch nicht abgeschlossen wurden?

Bei insgesamt 17 von 35 Fällen (48,6%) ist der Jugendamtsmitarbeiter bei der Umsetzung von Umgangskontakten weiterhin einbezogen.
Zur Erläuterung der Zeiträume muss hier ergänzt werden, dass durch eine unvorhergesehene Verlängerung der Datenerfassung ein weiterer Zeitraum bei

der Definition der Wertelabels in SPSS eröffnet werden musste, um die Daten ordnungsgemäß, d.h. so wie sie erhoben wurden, zu übertragen.

Deshalb gibt es zwei Zeitraumangaben (07/2005 bis 06/2006 und 07/2006 bis 06/2007) bei der Variabel „Intervention läuft weiter".

Welches ist die häufigste Sorgerechtsform, die vorliegt?

Die gemeinsame elterliche Sorge besteht in 18 von 35 Fällen (51,4%), somit ist dies die am häufigsten ausgeübte Sorgerechtsform.

Wie sieht die Verteilung der alleinigen elterlichen Sorge zwischen Müttern und Vätern aus?

In 14 von 35 Fällen (40%) übt die Kindesmutter die alleinige elterliche Sorge aus. Im Gegensatz hierzu übte nur ein Kindesvater d.h. 1 von 35 Fällen (2,9%), bei dieser Erhebung die elterliche Sorge alleine aus.

Wie häufig wird im Verlauf einer Umgangsherstellung eine Sorgerechtsänderung durch einen Elternteil oder die Eltern beantragt?

Insgesamt wurde in 16 von 35 Fällen (45,7%) eine Sorgerechtsänderung durch einen Elternteil oder die Eltern mit beantragt.

Wie ist die Altersstruktur der betroffenen Kinder?

Die höchste Anzahl der betroffenen Kinder wurde in der Altersklasse von „jünger 7 bis 9 Jahre" erfasst mit einer Häufigkeit von 12 von 35 Fällen (34,3%).

An zweiter Stelle steht die Altersklasse „jünger 4 bis 6 Jahre" mit einer Häufigkeit von 9 von 35 Fällen (25,7%), gefolgt von der Altersklasse „jünger 1 bis 3 Jahre" mit einer Häufigkeit von 8 von 35 Fällen (22,9%).

In der Altersklasse „jünger 10 bis 12 Jahre" wurde eine Häufigkeit von 3 von 35 Fällen (8,6%), und in der Altersklasse „jünger 13 bis 15 Jahre" wurde eine Häufigkeit von 2 von 35 Fällen (5,7%) erfasst. Die Altersklasse „jünger 16 bis 18 Jahre" war die Altersklasse, die mit 1 von 35 Fällen (2,9%) am geringsten belegt wurde.

Wie viele Mütter und wie viele Väter beantragen Prozesskostenhilfe bei einer familienrechtlichen Klärung ihrer Umgangsstreitigkeiten?

Prozesskostenhilfe wurde in 17 von 35 Fällen (48,6%) von den Müttern und in 12 von 35 Fällen (34,3%) von den Vätern beantragt.

Des Weiteren konnte mit dieser Erhebung erfasst werden, dass in 15 von 35 Fällen (42,9%) die Kindesmutter keinen Antrag auf Regelung des Umgangsrechts und in 14 von 35 Fällen (40%) der Kindesvater keinen Antrag auf Regelung des Umgangsrechts gestellt hat.

Welches sind die häufigsten Interventionen, die von den Jugendamtsmitarbeitern genutzt werden?

Das Einzelgespräch mit der Kindesmutter und dem Kindesvater wurde in 27 von 35 Fällen (77,1%), der Anruf wurde in 26 von 35 Fällen (74,3), das individuelle Anschreiben wurde in 15 von 35 Fällen (42,9%) als die häufigsten Interventionsformen der Jugendamtsmitarbeiter erfasst.

Welches ist die häufigste Art der Kontaktaufnahme zu den Eltern oder einem Elternteil?

Der Anruf wurde in 26 von 35 Fällen (74,3%) als die häufigste Interventionsform zur Kontaktaufnahme mit einem Elternteil oder den Eltern erfasst.

Das individuelle Anschreiben wurde in 15 von 35 Fällen (42,9%) und das formelle Anschreiben wurde nur in 7 von 35 Fällen (20%) zur Kontaktaufnahme verwendet.

Wie häufig werden Einzelgespräche mit den Eltern und wie häufig werden Einzelgespräche mit den Kindern geführt?

Es wurden in 27 von 35 Fällen (77,1%) Einzelgespräche mit der Kindesmutter/ dem Kindesvater und in 11 von 35 Fällen (31,4%) Einzelgespräche mit dem Kind/ den Kindern geführt.

Wie häufig wird im Rahmen einer Umgangsherstellung ein Hausbesuch durchgeführt?

Ein Hausbesuch wurde in 9 von 35 Fällen (25,7%) durchgeführt.

Wie häufig werden Besuchskontakte mit den Eltern schriftlich im Jugendamt vereinbart?
Im Jugendamt wurden in 6 von 35 Fällen (17,1%) Besuchskontakte schriftlich festgelegt.

Wie ist die Verteilung bzgl. der Anzahl der durchgeführten Vermittlungsgespräche im Jugendamt?
Die Datenauswertung ergab, dass in 8 von 35 Fällen (22,9%) ein Vermittlungsgespräch, in 2 von 35 Fällen (5,7%) drei Vermittlungsgespräche, in 1 von 35 Fällen (2,9%) zwei Vermittlungsgespräche und in 1 von 35 Fällen (2,9%) mehr wie drei Vermittlungsgespräche stattgefunden haben.
Des Weiteren fand in 17 von 35 Fällen (48,6%) kein Vermittlungsgespräch statt, und in 5 von 35 (14,3%) Fällen wurde kein Vermittlungsgespräch angeboten.

Welches sind die häufigsten Problemlagen, mit denen die Jugendamtsmitarbeiter zusätzlich konfrontiert werden?
In 19 von 35 Fällen (54,3%) wurden unterschiedliche Erziehungsvorstellungen als die am häufigsten vorkommende Problemlage erfasst.
In 9 von 35 Fällen (25,7%) wurde Partnerschaftsgewalt, und in 8 von 35 Fällen (22,9%) wurde sexueller Missbrauch des Kindes als Problemlage erfasst.

Wie häufig erfährt der Jugendamtsmitarbeiter vom Suchtverhalten eines Elternteils oder von bestehender Partnerschaftsgewalt?
Der Jugendamtsmitarbeiter erfuhr in 6 von 35 Fällen (17,1%) vom Suchtverhalten eines Elternteils oder der Eltern und in 9 von 35 Fällen (25,7%) von bestehender/ oder bestandener Partnerschaftsgewalt.

Wie häufig wird der Verdacht oder der begründete Verdacht des sexuellen Missbrauchs des Kindes im Rahmen einer Umgangsherstellung bekannt?
Im Rahmen einer Umgangsherstellung wurde in 8 von 35 Fällen (22,9%) der Verdacht oder der begründete Verdacht des sexuellen Missbrauchs des Kindes bekannt gegeben.

Welche Problemlagen wurden selten oder kaum erfasst?

Vergleicht man die Häufigkeiten der erhobenen Daten zu den Problemlagen, dann wird ersichtlich, dass das Suchtverhalten eines Elternteils, körperliche Gewalt gegenüber dem Kind und die Vernachlässigung des Kindes in jeweils 6 von 35 Fällen (17,1%) angegeben und somit zu den Problemlagen zählen, die selten erfasst wurden.

Des Weiteren konnte in 2 von 35 Fällen (5,7%) keine Problemlage erfasst werden.

Wie häufig wurde Hilfe zur Erziehung beantragt?

In 13 von 35 Fällen (37,1%) wurde Hilfe zur Erziehung und in 22 von 35 Fällen (62,9%) wurde keine Hilfe zur Erziehung beantragt.

Wie ist die Verteilung der Häufigkeiten bei der Mitwirkung im Verfahren vor dem Familiengericht durch den Jugendamtsmitarbeiter?

In 6 von 35 Fällen (17,1%) wirkte der Jugendamtsmitarbeiter mehr wie dreimal, in 4 von 35 Fällen (11,4%) dreimal, in 3 von 35 Fällen (8,6%) zweimal und in 3 von 35 Fällen (8,6%) einmal im Verfahren vor dem Familiengericht mit.

In 5 von 35 Fällen (14,3%) erfolgte keine Mitwirkung im Verfahren vor dem Familiengericht durch den Jugendamtsmitarbeiter.

Des Weiteren erfolgte in 14 von 35 Fällen (40%) keine Antragstellung beim Familiengericht zur Herstellung des Umgangsrechts.

Wie ist die Verteilung der Häufigkeiten bei den Maßnahmen, die von den Familienrichtern angeordnet wurden?

Die Häufigkeiten verteilen sich wie folgt auf die Maßnahmen: die Festlegung von Besuchskontakten wurde in 15 von 35 Fällen (42,9%), die Abänderung der elterlichen Sorge in 6 von 35 Fällen (17,1%), die Erstellung eines Gutachtens, sowie der begleitete Umgang in 4 von 35 Fällen (11,4%) und der Einsatz eines Verfahrenspflegers, sowie Anordnungen in 3 von 35 Fällen (8,6%) erhoben.

Zwangsmaßnahmen wurden in 2 von 35 Fällen (5,7%) erfasst.

Des Weiteren wurde erfasst, dass in 14 von 35 Fällen (40%) kein Antrag beim Familiengericht gestellt wurde, und in 4 von 35 Fällen (11,4%) wurde die familiengerichtliche Maßnahme als nicht bekannt erfasst.

Welches ist die häufigste Maßnahme, die von den Familienrichtern zur Herstellung von Umgangskontakten eingesetzt wurde?

Vergleicht man die Häufigkeiten bzgl. der Maßnahmen, welche von den Familienrichtern festgelegt und beschlossen wurden, so kann gesagt werden, dass die häufigste Maßnahme die Festlegung von Besuchskontakten ist und zwar mit 15 von 35 Fällen (42,9%).

Des Weitern kann die angeführte Forschungshypothese: „Es gibt einen Zusammenhang zwischen der Beantragung von Prozesskostenhilfe der Kindesmutter und der Beantragung von Prozesskostenhilfe des Kindesvaters", weiter gelten, da der Korrelationskoeffizient im vorliegenden Fall bei 0,606 liegt und somit ein Zusammenhang mit einem Signifikanzniveau von 99% vorliegt und die Null- Hypothese verworfen werden kann.

5.8.1 Erweiterung des Forschungsfeldes

Wie bereits unter Punkt 5.3 beschrieben, enthält der Erhebungsbogen in ausgewählten Bereichen die Möglichkeit, mir noch unbekannte Informationen zu ergänzen, aus welchen neue Variablen gebildet werden könnten.

Bei der Datenerhebung konnten für die Bereiche:

- Elterliche Sorge, sonstiges
- Interventionsformen der Jugendamtsmitarbeiter, sonstiges
- Problemlagen, sonstiges
- Familiengerichtliche Maßnahmen, sonstiges

zusätzliche Informationen erfasst werden.

Im Folgenden werden die zusätzlich erfassten Informationen angeführt, allerdings ohne ihre Häufigkeit mit anzugeben.

Elterliche Sorge, sonstiges:

- Das Aufenthaltsbestimmungsrecht für das zweite von drei Kindern liegt bei der Kindesmutter.
- Das Aufenthaltsbestimmungsrecht wurde auf den Kindesvater übertragen.
- Die Personensorge wurde dem Kreisjugendamt als Pfleger übertragen.

- Dem Kreisjugendamt wurde als Pfleger das Aufenthaltsbestimmungsrecht, die Gesundheitsfürsorge, die Sorge für schulische Angelegenheiten, das Recht zur Inanspruchnahme von Hilfen zur Erziehung nach den Vorschriften des SGB VIII und zur Mitwirkung im Hilfeplanverfahren nach § 36 SGB VIII übertragen.
- Der Kindesmutter wurde das Aufenthaltsbestimmungsrecht, einschließlich des Rechts, medizinische Dinge sowie schulische Angelegenheiten zu erledigen, übertragen.
- Der Kindesmutter wurde vorläufig das Aufenthaltsbestimmungsrecht für das älteste Kind übertragen. Zum Zeitpunkt der Datenerfassung befanden sich beide Kinder in der Obhut des Kreisjugendamtes gemäß § 42 SGB VIII.

Interventionsformen der Jugendamtsmitarbeiter, sonstiges:
- Schon vor der gerichtlichen Anhörung der Eltern wurde ein begleiteter Umgang eingerichtet, welcher von einem beauftragten freien Träger durchgeführt wurde.
- Ein begleiteter Umgangskontakt zwischen dem Kindesvater und seinem Kind wurde in den Räumen des Kreisjugendamtes vereinbart.
- Mit den Eltern wurden Vereinbarungen formuliert, wie der Kindesvater die schulischen Ereignisse und Belange der Kinder an die Kindesmutter weiterleiten kann, da dies in einem persönlichen Gespräch der Eltern oder einem Telefonat der Eltern derzeit nicht möglich ist.
- Die Besuchskontakte zwischen der Kindesmutter und ihren Kindern werden durch die Mitarbeiter der vollstationären Jugendhilfeeinrichtung begleitet, da sich die psychische Erkrankung der Kindesmutter erneut verschlimmert hat.
- Information eines Elternteils per Fax- Nachricht.
- Motivation der Eltern, das Beratungsangebot eines beauftragten freien Trägers in Anspruch zu nehmen, da der notwendige Beratungsumfang das Zeitbudget des Jugendamtsmitarbeiters übersteigen würde.

Problemlagen, sonstiges:.
- Der Kindesvater hält die Absprachen bzgl. der Besuchskontakte zu seinem Kind nicht ein, so dass sein Kind beim verabredeten Termin vor verschlossener Haustüre steht.

- Der Kindesvater nimmt Umgangskontakte, welche er per Beschluss erwirkt hat nicht mehr wahr, aufgrund von Zukunftsängsten und Suizidgedanken, allerdings wünscht das Kind weiterhin Kontakt zu seinem Vater.
- Die getroffenen Absprachen bzgl. der Umgangskontakte sind der Kindesmutter zu unkonkret.
- Ein Elternteil hat den Umgang mit seinem Kind vollständig unterbrochen.
- Kontaktabbruch eines Elternteils zu seinem Kind seit der Geburt.
- Dem Kind wird der Kontakt zum getrennt lebenden Elternteil untersagt.
- Kindesvater hatte seit ca. 6 Jahren keinen Kontakt mehr zu seinem Kind.
- Manipulation des Kindes durch die Eltern.
- Die Kinder lehnen den Kontakt zur Kindesmutter vollständig ab.
- Konflikte auf der Paarebene, so dass Besuchskontakte zum außerhalb lebenden Elternteils nicht akzeptiert werden.
- Nicht-Akzeptanz der Familie des anderen Elternteils.
- Bipolare affektive Erkrankung der Kindesmutter.

Familiengerichtliche Maßnahmen, sonstiges:
- Klärung der Situation des Kindes mit Hilfe eines beauftragten freien Trägers, inwieweit ein begleiteter Umgang stattfinden könnte, da das Kind den Kontakt zu einem Elternteil vollständig ablehnt.
- Drogenscreening; hier soll der betroffene Elternteil das ärztliche Atest dem Verfahrensbevollmächtigten des anderen Elternteils zukommen lassen.
- An einer Beratungsstelle sollen die Eltern weitere Gespräche in Anspruch nehmen um zu erarbeiten, wie ein unbegleiteter Umgang aussehen könnte.
- Inanspruchnahme einer Beratungsstelle.
- Es wurde ein Ergänzungspfleger bestellt wegen des vermeintlichen Verdachts des sexuellen Missbrauchs des Kindes durch den Kindesvater (zur Entscheidung über die Ausübung des Zeugnisverweigerungsrechts). Des Weiteren wurde der Umgang zum Kindesvater ausgesetzt.
- Anordnung: Im Rahmen der Besuchskontakte sollen jegliche beleidigenden und herabwürdigenden Bemerkungen unterlassen werden.

Des Weiteren wurden im Bereich: „Familiengerichtliche Maßnahmen, sonstiges" die folgenden Fragestellungen bzgl. der Einholung eines Gutachtens erfasst:

- Bei welchem Elternteil ist das Kindeswohl am besten gewahrt?
- Welche Einschränkungen des Umgangsrechts des Kindesvaters sind zum Wohl des Kindes erforderlich?
- Ob die im Raum stehenden Missbrauchsvorwürfe aus gutachterlicher Sicht überprüft werden können?
- Das Familiengericht fragt an, ob es zum Wohl der Kinder erforderlich ist, das Umgangsrecht des Kindesvaters mit den Kindern auszusetzen? Wenn ja, für wie lange wird ein Ausschluss für notwendig erachtet?
  Liegt eine Gefährdung des Kindeswohls bei der Fortsetzung bzw. Wiederaufnahme der Umgangskontakte vor? Falls ja, kann dieser Gefährdung durch mildere Mittel als durch einen langfristigen Ausschluss des Umgangsrechts begegnet werden?
- Entspricht ein unbegleiteter Umgang in dem vom Kindesvater beantragten Umfang dem Kindeswohl?
- Sind die Probleme bei der Ausübung des Umgangsrechts auf die Einflussname der Kindesmutter sowie deren Ehemann zurückzuführen?

5.9 Diskussion der Ergebnisse

Insgesamt lassen die erhobenen Ergebnisse erkennen, dass es sich bei der Herstellung von Umgangsvereinbarungen um einen sehr komplexen Prozess handeln kann.

Werden die Zeiträume (Interventions-Beginn, Interventions-Ende und Intervention läuft weiter) verglichen so wird erkennbar, dass sich die Herstellung von Umgangsvereinbarungen über Monate und sogar Jahre erstrecken kann. Diese Ergebnisse könnten darauf hinweisen, dass einige Eltern und Kinder immer wieder Schwierigkeiten bei der Umsetzung von Umgangsvereinbarungen haben. Die Gründe hierfür können in der Person selbst oder in der Umwelt begründet sein.

Vergleicht man die Anzahl der Fälle des Interventions- Beginns mit der Anzahl der Fälle des Interventions- Endes im Zeitraum vom 07/2005- 06/2006, dann könnte man zu der Annahme kommen, dass mehr Eltern von ihrem gesetzlich verankerten Anspruch auf Beratung zum Umgangsrecht Gebrauch gemacht haben. Allerdings lassen die Daten keine Rückschlüsse zu, ob dieses Ergebnis mit einer zeitlichen verzögerten Umsetzung des neuen Kindschaftsrechts in die Praxis oder mit einer vermehrten Bereitschaft der Eltern, von ihrem Recht auf Beratung Gebrauch zu machen, zusammenhängen.

Es wurde weiterhin deutlich, dass die gemeinsame elterliche Sorge die häufigste Sorgerechtsform ist. Sie stellt hier den „Regelfall" dar, so wie es durch das neue Kindschaftsrecht angestrebt wird. Auch lässt sich anhand der weiteren Ergebnisse erkennen, dass mehr Mütter als Väter die alleinige elterliche Sorge innehaben. Des Weiteren stellten in nahezu der Hälfe der ausgewerteten Fälle ein Elternteil oder die Eltern einen Sorgerechtsänderungsantrag beim Familiengericht, was möglicherweise auf ein erhöhtes Konfliktpotential bzw. Streitklima zwischen den Eltern hinweisen könnte.

Auch die erhobenen Ergebnisse bzgl. der durchgeführten Vermittlungsgespräche könnten zu der Annahme beitragen, das dass Konfliktpotential zwischen den Eltern noch derart ausgeprägt war, dass entsprechende Gesprächsangebote ausgeschlagen und nicht genutzt wurden.

Die Ergebnisse bezüglich des Alters der Kinder lassen erkennen, dass vor allem Kinder bis zu 9 Jahren häufig von einer Umgangsherstellung betroffen waren.

Diese Kinder benötigen aufgrund ihres Entwicklungsstandes bei der Bewältigung der Trennungs- und Scheidungsfolgen und bei der Umsetzung von Umgangskontakten zum außerhalb lebenden Elternteil die besondere Unterstützung ihrer Eltern sowie ein stabiles, stützendes und förderliches Umfeld. So sollten die Eltern in der Beratungssituation vor allem für die Belange und Bedürfnisse ihres Kindes/ ihrer Kinder sensibilisiert werden, damit sie eine faire und verantwortliche Umgangsregelung erarbeiten können und umzusetzen versuchen, mit dem Ziel, die Trennungs- und Scheidungsfolgen für ihr Kind/ ihre Kinder möglichst gering zu halten.

Die Ergebnisse bzgl. der Prozesskostenhilfe könnten mögliche Rückschlüsse auf die wirtschaftliche Situation der Eltern zulassen.

So wurde ersichtlich, dass ein Teil der Eltern Prozesskostenhilfe beantragt hat. Die Beantragung von Prozesskostenhilfe ist an bestimmte Einkommensverhältnisse gebunden, so dass vermutet werden kann, dass ein Teil der Eltern zu den gering Verdienenden bzw. zu dem Personenkreis zählt, welcher von Sozialleistungen lebt. In diesem Zusammenhang verweise ich auch auf die erhobenen Daten, die die Mitwirkung des Jugendamtsmitarbeiters im gerichtlichen Verfahren betreffen und die zugleich Information darüber enthalten, wie oft das Familiengericht von den Eltern zur Klärung von Umgangs- und Sorgerechtsstreitigkeiten angerufen wurde.

Durch die vermehrte Anrufung des Familiengerichts zur Klärung von Umgangs- und Sorgerechtsstreitigkeiten könnten weitere finanzielle Belastungen für die Eltern entstehen.

Bei Jugendämtern wird vielfach die Erfahrung gemacht, dass belastende finanzielle Verhältnisse der Eltern sich in der Regel auch erschwerend auf ihre Verständigungsbereitschaft und die Bemühungen durch das Helfersystem, Umgangsvereinbarungen zu erarbeiten, auswirken. Insbesondere dann, wenn z.B. bei der Kindesmutter der Eindruck entsteht, dass sich der andere Elternteil mit unfairen Mitteln der Unterhaltspflicht zu entziehen versucht.

Des Weiteren konnte ein Zusammenhang zwischen der Beantragung von Prozesskostenhilfe durch die Kindesmutter und der Beantragung von Prozesskostenhilfe durch den Kindesvater festgestellt werden, so dass hier davon ausgegangen werden könnte, dass Trennung und/ oder Scheidung das Armutsrisiko einer Familie zusätzlich erhöhen können.

Betrachtet man die Ergebnisse bzgl. der Interventionsformen der Jugendamtsmitarbeiter, dann wird ersichtlich, dass die psycho- soziale Beratung der Eltern die häufigste Interventionsform darstellt. Im Gegensatz hierzu wurden weniger Beratungsgespräche mit den Kindern geführt.

Als mögliche Erklärung hierfür könnte angeführt werden, dass die Lebenssituation des Kindes dem Jugendamtsmitarbeiter bereits bekannt ist z.B. durch einen zuvor durchgeführten Hausbesuch oder durch die Einleitung von Hilfen zur Erziehung. Gerade hochstrittige Eltern beziehen ihr Kind/ ihre Kinder immer wieder in den Elternkonflikt mit ein. Hier ist es die Aufgabe des Jugendamtsmitarbeiters, das Kind/ die Kinder zu schützen und Gespräche auf der Elternebene zu führen, um den Loyalitätskonflikt des Kindes/ der Kinder nicht zu verstärken und weiterhin zur Auflösung dieses Konflikts beizutragen.

So fiel bei den erhobenen Daten auf, dass bei einem Drittel der Fälle der sorgeberechtigte Elternteil oder die sorgeberechtigten Eltern Hilfe zur Erziehung beantragt haben. Allerdings lassen die erhobenen Ergebnisse keine Rückschlüsse zu, ob es einen direkten Zusammenhang zwischen dem Alter des Kindes/ der Kinder, der aktuellen Trennungs- und Scheidungssituation und der Beantragung von Hilfen zur Erziehung gibt, gerade bei Eltern, welche ihre Kinder in bisher noch nicht bewältigte Paarkonflikte einbeziehen.

Betrachtet man die erhobenen Daten bzgl. der bekannt gewordenen Problemlagen, so lässt sich erkennen, dass die am häufigsten genannte Problemlage im Rahmen der Durchführung von Umgangskontakten unterschiedliche Erziehungsvorstellungen der Eltern sind.

Des Weiteren wurde deutlich, dass dem Jugendamtsmitarbeiter mehrfach unterschiedliche Problemlagen der Eltern und der Kinder bekannt werden, welche er im weiteren Fallverlauf mitberücksichtigen und mitbearbeiten muss. Die Häufigkeiten der erhobenen Problemlagen lassen erkennen, dass der Jugendamtsmitarbeiter (siehe Punkt 5.8, Ergebnisdarstellung), bei der Bekanntgabe einer möglichen Vernachlässigung, körperlicher Gewalt gegenüber dem Kind und des Verdachts des sexuellen Missbrauchs des Kindes durch einen Elternteil, von Amts wegen aktiv werden und eine Kindeswohlgefährdung abklären muss.

Allerdings kann auch durch die bestehenden Problemlagen auf der Elternebene wie Suchtverhalten, Partnerschaftsgewalt und unterschiedliche Erziehungsvorstellungen eine mögliche Kindeswohlgefährdung entstehen, die durch psycho-soziale Beratung und/ oder gerichtliche Maßnahmen geklärt werden muss.

Werden die erhobenen Daten bzgl. der familiengerichtlichen Maßnahmen betrachtet (Mehrfachnennungen waren hier möglich), dann wird ersichtlich, dass in 6 von 35 Fällen eine Sorgerechtsänderung, in 4 von 35 Fällen ein begleiteter Umgang, in 4 von 35 Fällen ein Gutachten und in 2 von 35 Fällen Zwangsmaßnahmen angeordnet wurden. Auch diese Ergebnisse könnten Ausdruck für ein konflikthaftes Geschehen auf der Elternebene sein.

Allerdings war die häufigste Maßnahme, die von den Familienrichtern angeordnet wurde, die Festlegung von Besuchskontakten.

Erstaunlich ist, dass der Verfahrenspfleger, welcher die Interessen des Kindes vertreten soll nur sehr selten vom Familienrichter bestellt wurde.

Des Weiteren konnten durch die offenen Fragen des Erhebungsbogens noch zusätzliche Informationen erhoben werden, die die Vielschichtigkeit des Prozesses der Umgangsherstellung weiterhin ergänzen könnten.

Die Ergebnisse zeigen, dass psycho-soziale und wirtschaftliche Faktoren sowie erzieherische Aspekte (z.B. Verhaltensauffälligkeiten des Kindes) bei den Bemühungen, eine kindgerechte Umgangsregelung zu erarbeiten und umzusetzen eine bedeutende Rolle spielen. Auch durch gerichtliche Interventionen lässt sich nicht in jedem Fall die angestrebte und erwünschte Umgangsvereinbarung, mit dem Ziel einer Reduzierung der Belastungen für das Kind erreichen.

5.10 Zusammenfassung

Wie bereits beschrieben, wurde in Kapitel 5 das Methodische Vorgehen der Aktenanalyse zum Umgangsrecht dargestellt, sowie die erhobenen Ergebnisse diskutiert. Die überwiegende deskriptive Auswertung der Forschungsfragen stellte die Komplexität der Fälle dar, welche dem Jugendamtsmitarbeiter bekannt wurden.

Allerdings beziehen sich die erhobenen Ergebnisse nur auf die von mir festgelegte Grundgesamtheit.

Einige Ergebnisse lassen auch Tendenzen erkennen, wie sie in der einschlägigen Literatur beschreiben werden.

An dieser Stelle sei auch darauf hingewiesen, dass die Sozialforschung nur Erkenntnisse über einen Teilausschnitt der sozialen Realität gewinnen „sozusagen einen Aspekt sozialer Phänomene erklären (kann), die absolute Wahrheit über die Welt, wie sie tatsächlich existiert, zu finden, gelingt ihr nicht" (Schambach-Hardtke 2005, 12).

6. Schlussbetrachtung

Ziel dieser Studie war es, die Vielschichtigkeit der Fälle, welche dem Jugendamtsmitarbeiter bekannt werden, aufzuzeigen und darzustellen, um in einem weiteren Schritt der Frage: „Warum es den Helfern in einigen Fällen nicht dauerhaft gelingen kann, eine Umgangsregelung mit den Eltern, unter Berücksichtigung der Kindesinteressen, zu erarbeiten", näher zu kommen.

Die Ergebnisse der Forschungsfragen sowie der erstellten Hypothese und deren anschließende Diskussion lässt die Komplexität des Fallgeschehens erkennen. So stellte sich im Verlauf der Forschungsarbeit heraus, dass die oben angeführte Frage nicht abschließend beantwortet werden kann.

Allerdings kann zusammenfassend festgehalten werden, dass die Fälle, welche dem Jugendamtsmitarbeiter im Rahmen der Herstellung von Umgangskontakten bekannt wurden, einer multidimensionalen und systemischen Betrachtungsweise bedürfen.

Auch sollte das transaktionale Konzept der „Person-in-der-Situation" bzw. „Person-in-der-Umgebung", wie es von der Klinischen Sozialarbeit gefordert wird verwendet werden, um so zu einer umfassenden bio-psycho-sozialen-Diagnose zu gelangen. „Ein solcher Ansatz, der das Zusammenwirken von Umgebung und Person zentral stellt, muss Personenvariablen, Situationsvariablen und die Interaktion zwischen beiden Variablengruppen beachten" (Pauls 2004, 68).

Des Weiteren sollte die interdisziplinäre Zusammenarbeit aller am Prozess Beteiligten weiter entwickelt werden, um so auf die Problemlagen der Betroffenen angemessen reagieren zu können.

Auch der Zugang zu Angeboten der Prävention, vor allem in Kindergärten und Schulen, sollte weiterhin ausgebaut werden.

Trotz des bestehenden Kostendrucks bei öffentlichen Trägern sollte auch hier nach neuen Wegen gesucht werden, um Kinder, Jugendliche und Eltern in dieser Lebenssituation angemessen begleiten und unterstützen zu können.

Zu überlegen wäre auch in diesem Bereich wie unter den personellen und finanziellen Bedingungen die zeit– und kraftaufwändige Arbeit im Kontext der Umgangsherstellung im Jugendamt weiterhin geleistet werden kann.

Deutlich wird auch, dass die Sozialwissenschaften, die Rechtswissenschaften und die entsprechenden Institutionen weiterhin gefordert sind die realen Lebensverhältnisse der Kinder, Jugendlichen und Eltern in unserer Gesellschaft angemessen zu analysieren und zu berücksichtigen z.B. bei der Entwicklung neuer gesetzlicher Grundlagen.

7. **Literaturverzeichnis**

Bücher

- Balloff, R. (2004).
  Kinder vor dem Familiengericht. Rechtspsychologie.
  München und Basel: Ernst Reinhardt Verlag

- Brauns-Hermann, C., Busch, B. M., Dinse, H. (Hrsg.). (1997).
  Ein Kind hat ein Recht auf beide Eltern.
  Neuwied. Kriftel. Berlin: Luchterhand Verlag

- Buchholz-Graf, W., Vergho, C. (Hrsg.). (2000).
  Beratung für Scheidungsfamilien. Das neue Kindschaftsrecht und professionelles Handeln der Verfahrensbeteiligten.
  Weinheim und München: Juventa Verlag

- Bühl, A., Zöfel, P. (1994).
  SPSS für Windows Version 6. Praxisorientierte Einführung in die moderne Datenanalyse.
  Bonn: Addison-Wesley (Deutschland) GmbH

- Dettenborn, H. (2001).
  Kindeswohl und Kindeswille. Psychologische und rechtliche Aspekte.
  München und Basel: Ernst Reinhardt Verlag

- Fieseler, G., Herborth, R. (2005).
  Recht der Familie und Jugendhilfe. Arbeitsplatz Jugendamt/ Sozialer Dienst.
  (6., überarb. Aufl.)
  München: Luchterhand Fachverlag

- Gahleitner, S., Gerull, S., Petuya Ituarte, B., Schambach-Hardtke, L., Streblow, C. (2005).
  Einführung in das Methodenspektrum sozialwissenschaftlicher Forschung.
  Uckerland: Schibri-Verlag

- Gastiger, S., Oberloskamp, H., Winkler, J. (Hrsg.). (2004).
  Recht konkret.
  Teilband 1: Betreuung, Familien- und Jugendhilfe.
  17 neue und aktualisierte juristische Fälle, Lösungen aus der sozialen Arbeit.
  (4., überarb. Aufl.)
  Erlangen. Kenzingen: Verlag für das Studium der sozialen Arbeit

- Jaede, W., Wolf, J., Zeller-König, B. (1996).
  Gruppentraining mit Kindern aus Trennungs- und Scheidungsfamilien.
  Weinheim: Psychologie Verlags Union

- Klie, T., Stascheit, U. (Hrsg.). (2003).
  Gesetze für Pflegeberufe.
  (7., überarb. Aufl.)
  Baden-Baden: Nomos Verlagsgesellschaft

- Kreft, D., Mielenz, I. (2005).
  Wörterbuch Soziale Arbeit. Aufgaben, Praxisfelder, Begriffe und Methoden der Sozialarbeit und Sozialpädagogik.
  (5., überarb. Aufl.)
  Weinheim und München: Juventa Verlag

- Kromrey, H. (2006).
  Empirische Sozialforschung.
  (11., überarb. Aufl.)
  Stuttgart: Lucius & Lucius Verlagsgesellschaft mbH

- Leyhausen, D. (2000).
  Der beschützte Umgang gemäß § 1684 Abs. 4 BGB als Möglichkeit zur Aufrechterhaltung einer Eltern-Kind-Beziehung in problematischen Trennungs- und Scheidungssituationen.
  Frankfurt am Main: Europäischer Verlag der Wissenschaften

- Papenheim, H.-G., Baltes, J. (1996).
  Verwaltung für die soziale Praxis.
  (13., überarb. Aufl.)
  Frechen: Verlag Recht für die soziale Praxis

- Pauls, H. (2004).
  Klinische Sozialarbeit. Grundlagen und Methoden psycho-sozialer Behandlung.
  Weinheim und München: Juventa Verlag

- Rinne, K. (2003).
  SPSS echt einfach. Das echt einfache Computerbuch.
  Poing: Franzis Verlag GmbH

- Schwab, D. (1999).
  Familienrecht. Grundrisse des Rechts.
  (9., überarb. Aufl.)
  München: Verlag C.H. Beck

- Seidenstücker, B., Mutke, B. (Hrsg.). (2004).
  Praxisratgeber Kinder- und Jugendhilfe. Erfolgreiche Betreuung und Beratung von Kindern und Jugendlichen in schwierigen Lebenslagen.
  Merching: Forum Verlag Herkert GmbH

- Stadtjugendamt Ludwigshafen (Hrsg.). (2003).
  Hilfeplanung nach § 36 Kinder- und Jugendhilfegesetz. Eine Arbeitshilfe für die Praxis der Sozialen Dienste.
  Weinheim. Basel. Berlin: Beltz Verlag

- Weinbach, W., Grinnell, M. (2000).
  Statistik für Soziale Berufe.
  (4., überarb. Aufl.)
  Neuwied und Kriftel: Luchterhand

Broschüren:

- Lederle von Eckardstein, O., Niesel, R., Salzgeber, J., Schönfeld, U.. Deutsche Arbeitsgemeinschaft für Jugend- und Eheberatung e.V. (Hrsg.). (1998).
  Eltern bleiben Eltern. Hilfen für Kinder bei Trennung und Scheidung.
  (13., überarb. Aufl.)
  Detmold: Merkur Druck GmbH & Co.KG

- Ministerium für Inneres und Sport des Saarlandes und Koordinierungsstelle gegen häusliche Gewalt beim Ministerium der Justiz des Saarlandes (Hrsg.). (2004).
  Handlungsrichtlinie für die polizeiliche Arbeit in Fällen Häuslicher Gewalt.
  (2., überarb. Aufl.)
  Ensheim: repa-druck

Zeitschriften:

- Bundeskonferenz für Erziehungsfragen (bke) e.V. (5/2005).
  Zur Beratung hoch strittiger Eltern. Eine Stellungnahme der Bundeskonferenz für Erziehungsberatung (bke) e. V..
  Jugendhilfe 43, 259-267.

- Fieseler, G.,Busch, M. (5/2005)
  Änderungen der Jugendhilfe durch KICK. Ein Überblick zu den wesentlichen Änderungen.
  Jugendhilfe 43, 254-257.

- Lehmkuhl, G., Lehmkuhl, U. (05/1999).
  Praxis der Kinderpsychologie und Kinderpsychiatrie (Kind-Prax).
  Göttingen: Vandenhoeck und Ruprecht Verlag

- Maywald, J. (5/2005).
  Kindesleid-Kindeswohl, Kindeswohl - Was ist das? Anmerkungen aus sozialwissenschaftlicher Sicht, Kindeswohl und Kindeswohlgefährdung in Sorge- und Umgangsstreitigkeiten.
  Jugendhilfe 43, 234-245.

- Wiedenlübbert, E. (5/2005).
  Kindeswohl und Kindeswohlgefährdung in Sorge- und Umgangsstreitigkeiten.
  Jugendhilfe 43, 246-253.

Anhang

Abkürzungsverzeichnis

Abs.	Absatz
Art.	Artikel
BGB	Bürgerliches Gesetzbuch
BGH	Bundesgerichtshof
bke	Bundeskonferenz für Erziehungsberatung
BGH	Bundesgesetzblatt
BGHZ	Bundesgerichtshof, Amtliche Entscheidungssammlung in Zivilsachen
BMFSFJ	Bundesministerium für Familie, Senioren, Frauen und Jugend
BVerfG	Bundesverfassungsgericht
bzw.	beziehungsweise
d.h.	das heißt
etc.	et cetera
ff.	fort folgende
FamRZ	Familiengericht
FGG	Gesetz über die Angelegenheit der freiwilligen Gerichtsbarkeit
GG	Grundgesetz
ggf.	gegebenenfalls
Hrsg.	Herausgeber
Hg.	Herausgegeben von
HS.	Halbsatz
KICK	Kinder- und Jugendhilfeweiterentwicklungsgesetz
KJHG	Kinder- und Jugendhilfegesetz
Nr.	Nummer
OLG	Oberlandesgericht
PAS	Parental alination syndrom
S.	Satz
SPSS	Statistical Package for the Social Sciences
SGB	Sozialgesetzbuch

u.a.	und andere
usw.	und so weiter
vgl.	Vergleiche
e.V.	eingetragener Verein
z.B.	zum Beispiel

Erhebungsbogen

Erhebungsbogen

Fragebogen-Nr.:_____ Datum:_____

1. Zeitraum

1.1 Interventionsbeginn

    Intervb   Interventions-Beginn   Monat/ Jahr:_____
    Interve   Interventions-Ende   Monat/ Jahr:_____
    Intervnb   nicht bekannt   Monat/ Jahr:_____
    Intervlw   läuft weiter   Monat/ Jahr:_____

2. Personenbezogene Daten

2.1 Elterliche Sorge

    Sgem   gemeinsame elterliche Sorge
    SaKM   alleinige Sorge der Kindesmutter
    SaKV   alleinige Sorge des Kindesvaters
    Sson   sonstiges:_____

2.2 Sorgerechtsänderung

    SÄb   beantragt
    SÄnb   nicht beantragt

2.3 Altersgruppen

    A1   jünger 1 bis 3 Jahre
    A2   jünger 4 bis 6 Jahre
    A3   jünger 7 bis 9 Jahre
    A4   jünger 10 bis 12 Jahre
    A5   jünger 13 bis15 Jahre
    A6   jünger 16 bis 18 Jahre

3. Sozioökonomische Daten

3.1 Prozesskostenhilfe

3.1.1 Kindesmutter

PKMb	beantragt
PKMnb	nicht beantragt
PKMnbek	nicht bekannt
PKMkein	kein Antrag auf Regelung des Umgangsrechts gestellt

3.1.2 Kindesvater

PKVb	beantragt
PKVnb	nicht beantragt
PKVnbek	nicht bekannt
PKVkein	kein Antrag auf Regelung des Umgangsrechts gestellt

4. Jugendamt

4.1 Interventionsformen (Mehrfachnennungen sind möglich!)

formAn	formelles Anschreiben
indivAn	individuelles Anschreiben
Anruf	Anruf
EinzelEl	Einzelgespräch KM/KV
EinzelKi	Einzelgespräch Kind/ Kinder
Amtshil	Amtsmithilfeersuchen
Hausb	Hausbesuch
FestlBek	schriftliche Festlegung von Besuchskontakten
Intkeine	keine Intervention bisher erfolgt
InterFso	sonstiges:_____

4.1.1 Vermittlungsgespräch

VmGesp1	hat einmal stattgefunden
VmGesp2	hat zweimal stattgefunden
VmGesp3	hat dreimal stattgefunden
VmGesp4	hat mehr wie dreimal stattgefunden/ Anzahl:_____
VmGkein	es hat kein Vermittlungsgespräch stattgefunden
VmGnein	es wurde kein Vermittlungsgespräch angeboten

4.2 Problemlagen (Mehrfachnennungen sind möglich!)

SuchtV	Suchtverhalten
Partnerg	Partnerschaftsgewalt
ErziehV	Erziehungsvorstellungen
koerperG	körperliche Gewalt gegenüber dem Kind
Vernachl	Vernachlässigung
sexMissb	sexueller Missbrauch
Plson	sonstiges:_____
PLnb	nicht bekannt

4.3 Hilfe zur Erziehung

HZEb	wurde beantragt
HZEnb	nicht beantragt

4.4 Mitwirkung im Verfahren

MV1	einmal
MV2	zweimal
MV3	dreimal
MV4	mehr wie dreimal/ Anzahl:_____
MVnein	nein
MVkein	kein Antrag gestellt

5. Familiengericht

5.1 Maßnahmen (Mehrfachnennungen sind möglich!)

FvonBes	Festlegung von Umgangskontakten
beglUm	begleiteter Umgang
Verfapfl	Verfahrenspfleger
Anordnu	Anordnung
Zwangsm	Zwangsmaßnahme
AbaendSg	Abänderung der elterlichen Sorge
Gutach	Gutachten
Famnb	nicht bekannt
Famnein	kein Antrag gestellt
Famson	sonstiges:_____

Opererationalisierung der Variablen

Operationalisierung der Variablen

Variablen-ausprägungen Kurzbezeichnung	Bedeutung	Definition
Fragebogennummer	Identifikationsnummer des Falls	Die Fragebogennummer besteht aus den ersten beiden Buchstaben des Namens, dem Geburtsjahr des jüngsten Kindes, dem Anlagejahr der Akte, den ersten beiden Buchstaben des Bezirks und der fortlaufenden Nummer des Falls. Durch die Fragebogennummer ist zunächst keine Anonymität gegeben, allerdings wird die Fragebogennummer im weiteren Verlauf der Aktenanalyse unkenntlich gemacht, so dass hierdurch eine Anonymisierung der Daten erfolgt.
Intervb	Interventions-Beginn	Der Beginn der Intervention zum Umgangsrecht wird erfasst mit dem Eingangsdatum (Monat/ Jahr) des Antrags eines Elternteils auf Regelung des Umgangs. Der Beginn der Intervention kann auch aufgrund eines Aktenvermerks oder Anschreiben des Jugendamtsmitarbeiters begründet worden sein. Des Weiteren kann er anhand eines Aktenvermerks erfasst werden, wenn ein Elternteil oder die Eltern Kontakt in dieser Angelegenheit zum Jugendamtsmitarbeiter aufgenommen hatten. Liegt der Beginn vor dem 01.07.1998, so wird der Zeitraum erst ab diesem Datum erfasst, da vorher andere gesetzliche Grundlagen galten. Des Weiteren werden nur Vorgänge der hiesigen Jugendamtsmitarbeiter erfasst und nicht das tätig werden anderer Jugendämter oder freier Träger.
Interve	Interventions-Ende	Das Interventions-Ende wird anhand des Datums (Monat/ Jahr) erfasst, entweder durch einen Aktenvermerk des

		Jugendamtsmitarbeiters, wenn eine Vereinbarung mit den Eltern erarbeitet werden konnte oder durch Beschluss des Familiengerichts, wenn eine Umgangsregelung angeordnet worden ist. Sind weitere Aktivitäten des Jugendamtsmitarbeiters bezüglich der Umgangsgestaltung vermerkt, dann wird der Fall nicht als Abgeschlossen erfasst.
Intervnb	nicht bekannt	„Nicht bekannt" bedeutet in diesem Zusammenhang, dass aufgrund des vermerkten Aktenvorgangs nicht erfasst werden kann, ob die Umgangsklärung abgeschlossen wurde oder sich derzeit noch in Bearbeitung befindet.
Intervlw	läuft weiter	Wird erfasst, wenn die Umgangsklärung noch nicht vollständig abgeschlossen wurde und weitere Interventionen des Jugendamtsmitarbeiter anstehen.
Sgem	gemeinsame elterliche Sorge	Gemäß § 1626 Abs.1 und Abs.3 Satz 1 BGB haben die Eltern „die Pflicht und das Recht, für das minderjährige Kind zu sorgen" (elterliche Sorge). Die elterliche Sorge umfasst die Sorge für die Person des Kindes (Personensorge) und das Vermögen des Kindes (Vermögenssorge). Zum Wohle des Kindes gehört in der Regel der Umgang mit beiden Elternteilen" (Klie, Stascheit 2003, 115). Die gemeinsame elterliche Sorge wird erfasst, wenn beide Eltern Inhaber der elterlichen Sorge sind. Die Erfassung geschieht anhand eines Aktenvermerks, Kopie der Sorgeerklärung der Eltern oder wenn ein Antrag auf Hilfe zur Erziehung gestellt worden ist.
SaKM	alleinige elterliche Sorge der Kindesmutter	Erhebung der alleinigen elterlichen Sorge der Kindesmutter, auf Grund eines Aktenvermerks, Antrag auf Hilfe zur Erziehung oder Beschluss des Familiengerichts.

SaKV	alleinige elterliche Sorge des Kindesvaters	Erfassung der alleinigen elterlichen Sorge des Kindesvaters, auf Grund eines Aktenvermerks, Antrag auf Hilfe zur Erziehung oder Beschluss des Familiengerichts.
Sson	sonstiges	Hier soll erfasst werden, ob ein Vormund Bestellt wurde, ein Ergänzungspfleger Aufgabenbereiche der elterlichen Sorge übernommen hat oder Teilbereiche der elterlichen Sorge auf ein Elternteil übertragen worden sind. Die Übertragung von Teilen der elterlichen Sorge auf einen Elternteil muss für längere Dauer vom Familiengericht bestimmt worden sein und nicht nur zur Entscheidung in einer wichtigen Angelegenheit des Kindes. In der Handakte werden diesbezüglich Aktenvermerke, Beschluss des Familiengerichts und Antrag auf Hilfe zur Erziehung zur Informationsgewinnung gesichtet.
SÄb	Sorgerechtsänderung beantragt	Erfasst wird, ob ein Elternteil einen Antrag auf Regelung der elterlichen Sorge vor, während oder nach einer außergerichtlichen oder gerichtlichen Vermittlung zum Umgangsrecht gestellt hat. Erhoben wird dies anhand des Antrags zur Regelung der elterlichen Sorge eines Elternteil oder der Eltern. Allerdings wird hier nicht die Entscheidung des Familiengerichts in dieser Angelegenheit und auch nicht die Häufigkeit der Antragstellung in dieser Angelegenheit ermittelt.
SÄnb	Sorgerechtsänderung nicht beantragt	Wird erfasst, wenn ein Elternteil oder die Eltern keinen Antrag auf Regelung der elterlichen Sorge im Rahmen einer Umgangsherstellung gestellt haben.
A 1 bis A 6	Altersgruppen	Erhebung des Lebensjahres des Kindes, welches von der Umgangsherstellung betroffen war, zum Zeitpunkt des ersten Vermerks oder Antrags auf Regelung des Umgangsrechts in der Handakte. Bei mehreren Kindern wird das Lebensjahr des

		jüngsten Kindes ermittelt, welches von der Umgangsherstellung betroffen war, zum Zeitpunkt des ersten Vermerks oder Antrags auf Regelung des Umgangsrechts in der Handakte.
PKMb	Prozesskostenhilfe wurde von der Kindesmutter beantragt	Prozesskostenhilfe ist abhängig von den wirtschaftlichen und persönlichen Verhältnissen des Einzelnen und soll jedem Bürger eine chancengleiche Rechtsverfolgung ermöglichen (Papenheim, Baltes 1996, 325). Hier soll erfasst werden, ob Prozesskostenhilfe bei einem Antrag auf Regelung des Umgangsrechts mit beantragt wurde. Erfassbar wird dies anhand des in der Handakte befindlichen Antrags des Rechtsanwalts oder des Beschluss des Familiengerichts. Nicht erfasst wird die Häufigkeit der Antragsstellung.
PKMnb	Prozesskostenhilfe von der Kindesmutter nicht beantragt	Wird erhoben, wenn keine Prozesskostenhilfe bei einem Antrag auf Regelung des Umgangs mit beantragt wurde.
PKMnbek	nicht bekannt	„Nicht bekannt", bedeutet in diesem Zusammenhang, dass aus der Akte nicht hervorgeht, ob die Kindesmutter ebenfalls Prozesskostenhilfe beantragt hat. Dies ist nur erfassbar, wenn es im Antrag des Rechtsanwalts oder des Beschluss des Familiengerichts mit aufgeführt wurde.
PKMkein	kein Antrag auf Regelung des Umgangsrechts gestellt	Wird erfasst, wenn kein Antrag auf Regelung des Umgangsrechts gestellt worden ist.
PKVb	Prozesskostenhilfe wurde vom Kindesvater beantragt	Prozesskostenhilfe ist abhängig von den wirtschaftlichen und persönlichen Verhältnissen des Einzelnen und soll jedem Bürger eine chancengleiche Rechtsverfolgung ermöglichen (Papenheim, Baltes 1996, 325). Hier soll erfasst werden, ob Prozesskostenhilfe bei einem Antrag auf Regelung des Umgangsrechts mit beantragt wurde. Erfassbar wird dies anhand des in der Handakte befindlichen Antrags des Rechtsanwalts oder des Beschluss des

		Familiengerichts. Nicht erfasst wird die Häufigkeit der Antragsstellung.
PKVnb	Prozesskostenhilfe vom Kindesvater nicht beantragt	Wird erhoben, wenn keine Prozesskostenhilfe bei einem Antrag auf Regelung des Umgangs mit beantragt wurde.
PKVnbek	nicht bekannt	„Nicht bekannt", bedeutet in diesem Zusammenhang, dass aus der Akte nicht hervorgeht, ob der Kindesvater ebenfalls Prozesskostenhilfe beantragt hat. Dies ist nur erfassbar, wenn es im Antrag des Rechtsanwalts oder des Beschluss des Familiengerichts mit aufgeführt wurde.
PKVkein	kein Antrag auf Regelung des Umgangsrechts gestellt	Wird erfasst, wenn kein Antrag auf Regelung des Umgangsrechts gestellt worden ist.
formAn	formelles Anschreiben	Wird Erfasst, wenn das standardisierte formelle Anschreiben: „Regelung der elterlichen Sorge/ Umgangsgestaltung" genutzt wurde. Dieses Anschreiben enthält folgende Informationen für die Eltern, dass diese wählen können zwischen einer Beratung durch die Jugendamtsmitarbeiter oder der Beratung durch die Mitarbeiter freier Träger. Die Mitarbeiter der freien Träger sind ebenfalls zur Mitwirkung im Verfahren vor dem Familiengericht berechtigt. Allerdings wird nicht erfasst, ob die Eltern das Beratungsangebot der Jugendhilfe oder der in Kooperation tätigen Beratungsstellen angenommen haben. Des Weiteren wird auch nicht die Anzahl der durchgeführten Beratungen erhoben.
IndivAn	individuelles Anschreiben	Mit einem individuellen Anschreiben wurde der andere Elternteil informiert, dass ein Elternteil im Jugendamt, zur Unterstützung bei der Umgangsgestaltung, vorgesprochen hat. Erfasst wird, ob ein individuelles Anschreiben versendet wurde, allerdings wird nicht die Anzahl dieser Anschreiben erfasst, an welchen Elternteil es sich richtete und ob das angebotene Gespräch angenommen oder nicht angenommen wurde.

Anruf	Anruf	Wird erfasst, wenn der Jugendamtsmitarbeiter Kontakt zu einem Elternteil oder den Eltern durch einen Telefonanruf aufgenommen hat: Nicht erfasst wird die Häufigkeit der Anrufe durch den Jugendamtsmitarbeiter:
EinzelEl	Einzelgespräch KM/ KV	Anhand eines Aktenvermerks wird erfasst, wenn mit der Kindesmutter und/ oder dem Kindesvater ein Einzelgespräch im Jugendamt zur Umgangsgestaltung geführt wurde. Allerdings können auch Einzelgespräche am Telefon geführt werden, wenn der Umgangsberechtigte Elternteil sehr weit entfernt wohnt. Hierbei wird nicht die Häufigkeit der geführten Einzelgespräche erfasst.
EinzelKi	Einzelgespräch Kind/ Kinder	Auf Grund eines Aktenvermerks wird erhoben, ob mit dem Kind oder den Kindern ein Gespräch über ihre Vorstellungen zum Umgang mit dem anderen Elternteil geführt wurde. Dieses Gespräch kann an unterschiedlichen Orten, wie in den Räumen des Jugendamtes, im Haushalt eines Elternteils oder im Kindergarten stattgefunden haben. Allerdings wird auch hier nicht die Häufigkeit der geführten Gespräche ermittelt.
Amtshil	Amtsmithilfeersuchen	Auf Grund eines Anschreibens oder Fax soll erfasst werden, ob ein Amtshilfeersuchen versendet wurde. Das angeschriebene Jugendamt entscheidet in eigenem Ermessen, ob es Amtshilfe leistet. „Eine Übermittlung von Sozialdaten ist ausgeschlossen, wenn „die ersuchende Stelle die Angaben auf andere Weise beschaffen kann" (Pappenheim, Baltes 1996, 175). Nicht erfasst wird, ob Amtshilfe erfolgte. Allein die Tatsache, dass versucht wurde diese Interventionsform zu nutzen reicht aus.
Hausb	Hausbesuch	Anhand eines Aktenvermerks soll erfasst werden, ob im Rahmen einer Umgangsgestaltung ein Hausbesuch bei der Kindesmutter oder dem Kindesvater oder

		beiden Eltern stattgefunden hat. Hierbei wird nicht ermittelt, bei wem dieser Hausbesuch erfolgte und in welcher Häufigkeit. Wegen der knappen zeitlichen Ressourcen der Jugendamtsmitarbeiter werden bei einem Hausbesuch meist mehrere Informationen gesammelt. So kann ein Hausbesuch zur Klärung der Wohnsituation des Kindes beitragen, und gleichzeitig kann ein Einzelgespräch mit dem Elternteil und/ oder dem Kind oder beiden gemeinsam geführt werden. Bei dieser Erhebung kann es vorkommen, dass ein und der selbe Hausbesuch zweimal auf Grund seiner unterschiedlichen Bedeutung wie „Einzelgespräch Kind/Kinder" und „Hausbesuch", erfasst wird.
FestlBek	schriftliche Festlegung von Besuchskontakten	Erfassung von schriftlichen Vereinbarungen bezüglich der Besuchskontakte des Kindes zum außerhalb lebenden Elternteil, anhand eines Vermerks oder Kopie der schriftlichen Vereinbarung, welche den Eltern direkt ausgehändigt oder auf dem Postweg zugesendet wurde. Hierbei wird nicht die Anzahl der schriftlichen Vereinbarungen erfasst.
Intkeine	keine Intervention bisher erfolgt	Hier wird erfasst, wenn keine Intervention bisher durch den zuständigen Jugendamtsmitarbeiter, zum Zeitpunkt der Datenerfassung, erfolgt ist.
InterFso	sonstiges	Erfasst werden sonstige Interventionen, die hier nicht aufgeführt wurden.
VmGesp1bis VmGesp4	Anzahl der stattgefunden Vermittlungsgespräche	Auf Grund von Aktenvermerken wird die Anzahl der Vermittlungsgespräche, welche mit den Eltern im Jugendamt geführt wurden, erfasst. Nicht erhoben werden die Ergebnisse der Vermittlungsbemühungen. Des Weiteren wird nicht erfasst, wie viele Vermittlungsgespräche von denen in Kooperation tätigen freien Trägern durchgeführt wurden.

VmGkein	es hat kein Vermittlungsgespräch stattgefunden	Erfasst wird diese Variable, wenn kein Vermittlungsgespräch zu Stande gekommen ist, weil ein Elternteil dies ablehnt.
VmGnein	es wurde kein Vermittlungsgespräch angeboten	Diese Variable wird erhoben, wenn kein Vermittlungsgespräch von Seiten des Jugendamtsmitarbeiter angeboten wurde.
SuchtV	Suchtverhalten	Erfasst werden die Äußerungen der Elternteile über den anderen Elternteil bezüglich eines möglichen Missbrauchs von stoffgebundenen Süchten. „Unter stoffgebundener Sucht versteht man alle Verhaltensweisen, bei denen dem menschlichen Körper Stoffe mit dem Ziel des Missbrauchs zugeführt werden" (Kreft, Mielenz 2005, 936). In den Aktenvermerken und Stellungnahmen der Jugendamtsmitarbeiter werden Informationen über den Missbrauch von Alkohol, Tabletten und illegalen Drogen erfasst.
Partnerg	Partnerschaftsgewalt	Partnerschaftsgewalt wird in diesem Zusammenhang verstanden als: Gewalt zwischen Eltern, die in einer partnerschaftlichen Beziehung lebten, getrennt bzw. geschieden sind und gemeinsame minderjährige Kinder haben. Auf Grund von Aktenvermerken, ärztlichen Artest oder Informationen aus Stellungnahmen der Jugendamtsmitarbeiter werden Informationen bzgl. Partnerschaftsgewalt erfasst: Auch wenn die Kinder nicht direkt durch körperliche Gewalt der Eltern betroffen sind, erleben sie die aggressive Stimmung und die Angst der Beteiligten mit. Partnerschaftsgewalt aus dem kindlichen Abhängigkeitsverhältnis heraus beobachtet, bedeutet zunächst eine Gefährdung des Kindeswohls.

ErziehV	Erziehungsvorstellungen	Anhand von Aktenvermerken oder Stellungnahmen des Jugendamtsmitarbeiters für das Familiengericht wird erhoben, inwieweit unterschiedliche Erziehungsvorstellungen bei den getrennt lebenden oder geschiedenen Eltern bestehen. Die unterschiedlichen Erziehungsvorstellungen können in den folgenden Bereichen sichtbar und somit erfasst werden: *Kleidung* (Wie wird das Kind gekleidet?), *Mahlzeiten* (Was darf das Kind essen?), *Umgang* (Mit welchen Personen soll das Kind Kontakt haben und mit welchen Personen nicht.), *Kindergarten/ Schule* (Wer holt das Kind vor dem Besuchswochenende im Kindergarten ab? Wie soll das Kind/der Jugendliche bei den Hausaufgaben unterstützt werden?), *Gesundheit* (Wann und wie schnell muss ein Arzt hinzugezogen werden?).
koerperG	körperliche Gewalt gegenüber dem Kind	Erfassung anhand von Aktenvermerken oder Stellungnahmen des Jugendamtsmitarbeiters, ob ein Elternteil den Verdacht oder begründeten Verdacht äußerte, dass der andere Elternteil körperliche Gewalt gegenüber dem Kind ausgeübt hat. Unter körperlicher Gewalt gegenüber dem Kind werden die folgenden Handlungen wie Schlagen mit der Hand, Prügeln, Festhalten und Würgen bis hin zum gewaltsamen Angriff mit Riemen, Stöcken, Küchengegenständen und Waffen verstanden.
Vernachl	Vernachlässigung	In diesem Zusammenhang wird unter Vernachlässigung verstanden: Das Unvermögen des Elternteils, die materiellen und seelischen Grundbedürfnisse des Kindes zu befriedigen und zwar in den Bereichen: angemessene Ernährung, Körperpflege, Kleidung, Beherbergung, Schutz vor äußeren und gesundheitlichen Gefahren, Förderung in

		ihrer Emotionalität und in ihrer kognitiven Entwicklung. Auf Grund von Aktenvermerken soll erfasst werden, ob im vorliegenden Fall ein Elternteil diesbezüglich seine Sorge dem Jugendamtsmitarbeiter bekannt gab. Nicht erfasst wird, ob dieser Sachverhalt tatsächlich vorgelegen hat.
SexMissb	sexueller Missbrauch	Bei der Erfassung, ob ein Elternteil den Verdacht oder begründeten Verdacht des sexuellen Missbrauch durch den anderen Elternteil; dessen neuen Lebenspartner oder durch ein Großelternteil dem Jugendamtsmitarbeiter bekannt gab, werden in diesem Rahmen folgende Handlungen unter dem Begriff, sexueller Missbrauch verstanden:" Sexueller Missbrauch an Kindern ist jede sexuelle Handlung, die an oder vor einem Kind entweder gegen den Willen des Kindes vorgenommen wird oder der das Kind auf Grund körperlicher, psychischer, kognitiver oder sprachlicher Unterlegenheit nicht wissentlich zustimmen kann. Der Täter nutzt seine Macht- und Autoritätsposition aus, um seine eigenen Bedürfnisse auf Kosten des Kindes zu befriedigen" (Bange, Deegener 1996, 105 in Hartwig, Hensen 2003, 18).
Plson	sonstiges	Hier besteht die Möglichkeit, auf Grund der Aktenvermerke weitere Problemlagen zu erfassen, mit welchen die Jugendamtsmitarbeiter während einer Beratung zum Umgangsrecht konfrontiert worden sind.
Plnb	nicht bekannt	Wird erfasst, wenn keine Problemlage dem Jugendamtsmitarbeiter während einer Beratung zum Umgangsrecht bekannt gegeben wurde.
HZEb	Hilfe zur Erziehung wurde beantragt	Hilfe zur Erziehung wird auf Antrag des Personensorgeberechtigten oder der Personensorgeberechtigten eingeleitet, wenn diese Maßnahme für die Entwicklung des Kindes geeignet und notwendig ist und

		Aussicht auf Erfolg hat. Diese Variablenausprägung wird erfasst, wenn vor, während oder nach einer außergerichtlichen Vermittlung oder gerichtlichen Umgangsherstellung Hilfe zur Erziehung gemäß § 27 ff. SGB VIII beantragt und installiert worden ist oder danach eingeleitet wurde. Zu diesen Maßnahmen zählen: Erziehungsberatung gemäß § 28 SGB VIII, soziale Gruppenarbeit gemäß § 29 SGB VIII, Erziehungsbeistand gemäß § 30 SGB VIII, Sozialpädagogische Familienhilfe gemäß § 31 SGB VIII, Erziehung in einer Tagesgruppe gemäß § 32 SGB VIII, Vollzeitpflege gemäß § 33 SGB VIII, Heimerziehung, sonstige betreute Wohnformen gemäß § 34 SGB VIII und Intensiv sozialpädagogische Einzelbetreuung gemäß § 35 SGB VIII (Walhalla 1998,. 18-20).
HZEnb	Hilfe zur Erziehung wurde nicht beantragt	Wird erfasst, wenn keine Hilfe zur Erziehung gemäß § 27 SGB VIII beantragt wurde.
MV1 bis MV4	Mitwirkung im Verfahren	Der Jugendamtsmitarbeiter arbeitet gemäß § 50 SGB VIII mit dem zuständigen Familiengericht zusammen, wenn eine Umgangsregelung ansteht. Er trägt zur Sachverhaltsklärung bei, indem er die Lebenssituation und die Lebensbedürfnisse des Kindes/ des Jugendlichen, aber auch die Ressourcen der Eltern ermittelt und somit zu einer realistischen Einschätzung der Situation des Kindes/ des Jugendlichen beiträgt. Wenn erforderlich, kann der Jugendamtsmitarbeiter gemäß § 50 Abs. 3 SGB VIII richterliche Beschlüsse anregen (Fieseler, Herborth 2004, 219-220). Das Familiengericht hört den Jugendamtsmitarbeiter gemäß § 49a Abs.1 FGG vor einer Entscheidung zum Umgang an (Fieseler, Herborth 2004, 223). Erfasst wird die Anzahl der mündlichen und/ oder schriftlichen Stellungnahmen.

		Zu den schriftlichen Stellungnahmen zählen auch schriftliche Kurzmitteilungen. Mündliche Stellungnahmen können auf Grund des Protokolls der nicht öffentlichen Sitzung beim Familiengericht erfasst werden. Nicht erfasst wird das Ergebnis der Umgangsherstellung.
MVnein	keine Mitwirkung im Verfahren	Wird erfasst, wenn ein Elternteil einen Antrag auf „Regelung des Umgangs" gestellt hat und noch keine mündliche und/ oder schriftliche Stellungnahme durch den Jugendamtsmitarbeiter erfolgt ist.
MVkein	kein Antrag gestellt	Erfassung dieser Variable, wenn keiner der Eltern einen Antrag auf „Regelung des Umgangs" beim Familiengericht gestellt hat.
FvonBes	Festlegung von Umgangs-kontakten (Besuchs-kontakten)	Gemäß § 1684 Abs. 2 Satz 1 BGB kann das Familiengericht „über den Umfang des Umgangsrechts entscheiden und seine Ausübung, auch gegenüber Dritten, näher regeln" (Klie, Stascheit 2003, 120). Dies geschieht dann, wenn die Eltern sich nicht einigen können z.B. über die Verweildauer des Kindes beim anderen Elternteil, oder ob die Besuche mit oder ohne Übernachtung sein sollen usw. Das Gericht kann den zeitlichen Beginn, d.h. das Datum des Wochenendes, an dem der Umgang beginnen soll, Rhythmus, Umfang, Nachholung von ausgefallenen Terminen, Feiertags- und Ferienregelungen bestimmen (Wiedenlübbert 2005, 248-249). Erfasst wird, ob eine Entscheidung des Familiengerichts zur Festlegung von Umgangskontakten vorliegt. Bei mehreren Beschlüssen wird die aktuelle Entscheidung zur Regelung des Umgangsrechts erfasst. Nicht erhoben wird, inwieweit sich die Eltern an die Entscheidung des Familiengerichts gehalten haben.
beglUM	begleiteter Umgang	Nach § 1684 Abs.4 Satz 3 BGB kann das Familiengericht „insbesondere anordnen, dass der Umgang nur stattfinden darf, wenn ein mitwirkungsbereiter Dritter anwesend ist.

Dritter kann auch ein Träger der Jugendhilfe oder ein Verein sein; dieser bestimmt dann jeweils, welche Einzelperson die Aufgabe wahrnimmt" (Klie, Stascheit 2003, 120). Der begleitete Umgang ist eine zeitlich befristete Maßnahme und dient zur Krisenintervention mit dem Ziel, den Umgang des Kindes mit dem Umgangssuchenden ggf. wieder herzustellen und zu verselbständigen. Bevor das Gericht einen Umgangsausschluss aussprechen kann, müssen zuvor alle Formen des begleiteten Umgangs geprüft worden sein (Wiedenlübbert 2005, 250-251). Erfasst wird auf Grund der aktuellen Entscheidung, ob das Gericht einen begleiteten Umgang angeordnet hat. Nicht erhoben wird, wer den begleiteten Umgang durchgeführt hat und mit welchem Ergebnis. Alle weiteren Formen des begleiteten Umgangs werden unter der Variablen sonstiges erfasst.

Verfapfl	Verfahrenspfleger	Das Familiengericht kann gemäß § 50 FGG einen Verfahrenspfleger für das minderjährige Kind bestellen mit dem Ziel, dass die grundrechtliche Stellung des betroffenen Kindes und damit seine Interessen hinreichend im Verfahren berücksichtigt werden. Dies ist besonderst dann geboten, wenn die Eltern auf Grund von Interessenskonflikten die Interessen des Kindes nicht hinreichend berücksichtigen können (Wiedenlübbert 2005,. 252). Inwieweit ein Verfahrenspfleger bei Umgangsstreitigkeiten vom Gericht bestellt wurde, soll anhand der Beschlüsse erfasst werden. Nicht erfasst wird, seit wann der Verfahrenspfleger bereits tätig ist.

Anordnu	Anordnung	Der Familienrichter kann nach § 1684 Abs.3 S. 2 BGB zur Regelung der Umgangsbefugnis dem sorgeberechtigten Elternteil oder den sorgeberechtigten Eltern bestimmte Verhaltensweisen aufgeben oder verbieten. Anordnungen sind Gebots- und Untersagensverfügungen, die der Familienrichter auferlegen kann, wenn einer der sorgeberechtigten Elternteile oder beide den Umgang mit dem Kind vereiteln und damit ihrer Wohlverhaltenspflicht gemäß § 1684 Abs. 2 S. 1 BGB nicht nachkommen (Leyhausen 2000, 59). Nach § 1684 Abs. 2 S.1 BGB haben die Eltern „alles zu unterlassen, was das Verhältnis des Kindes zum jeweiligen anderen Elternteil beeinträchtigt oder die Erziehung erschwert" (Klie, Stascheit 2003, 120). Anhand des aktuellen Beschlusses soll erfasst werden, ob der Familienrichter eine Anordnung/ oder Anordnungen zur Klärung der Situation des Kindes verwendet hat. Nicht erfasst wird die Anzahl der Anordnungen und für wenn diese bestimmt waren. Des Weiteren wird auch nicht erfasst, inwieweit diese von einem Elternteil oder den Eltern eingehalten wurden.
Zwangsm	Zwangsmaßnahme	Zur Durchsetzung einer gerichtlichen Entscheidung kann der Familienrichter gegenüber einem unkooperativen Elternteil zur Befolgung der gerichtlichen Umgangsregelung gemäß § 33 FGG Zwangsgeld und Zwangshaft androhen und anordnen (Leyhausen 2000, 60). Anhand des aktuellen Beschlusses soll erfasst werden, inwieweit ein Zwangsgeld oder die Zwangshaft angedroht oder angeordnet wurde. Erfasst wird nicht die Anzahl der Androhungen und Anordnungen. Des Weiteren wird nicht erhoben, welcher Elternteil hiervon betroffen war.

AbaendSg	Abänderung der elterlichen Sorge	Einem sorgeberechtigten Elternteil, der auf Grund einer gerichtlichen Entscheidung die elterliche Sorge innehat, kann der Familienrichter bei nachhaltiger Vereitelung des Umgangsrechts die elterliche Sorge entziehen und auf den anderen Elternteil übertragen (Leyhausen 2000, 62). Hier soll erfasst werden, ob im Rahmen einer Umgangsregelung eine Abänderung der elterlichen Sorge oder Teile der elterlichen Sorge durchgeführt wurde. Allerdings wird nicht erfasst, bei welchem Elternteil eine Abänderung der elterlichen Sorge stattgefunden hat.
Gutach	Gutachten	Zur weiteren Klärung der Situation kann der Familienrichter ein Gutachten in Auftrag geben. Hier soll erfasst werden, ob ein Gutachten im Rahmen eines Antrags auf Regelung des Umgangs in Auftrag gegeben wurde. Nicht erfasst wird die Art des Gutachtens.
Famnb	nicht bekannt	„Nicht bekannt" bedeutet in diesem Zusammenhang, dass die Entscheidung des Familiengerichts noch nicht mit der Post eingegangen ist.
Famnein	kein Antrag gestellt	Die Variable "kein Antrag gestellt" wird erfasst, wenn kein Antrag auf Regelung des Umgangs von einem Elternteil gestellt wurde.
Famson	sonstiges	Unter „sonstiges" können die Maßnahmen Erfasst werden, die nicht unter Punkt 3.1 aufgeführt wurden.

Erhebungsbogen mit der Codierung der Kategorien

1. Zeitraum

1.1 Interventionsbeginn

Nummer		Auswertungsskala (Monat/ Jahr)
Nr. 1	Intervb	0= nicht bekannt
Nr. 2	Interve	1= 07/1998- 06/1999
Nr. 3	Intervlw	2= 07/1999- 06/2000
		3= 07/2000- 06/2001
		4= 07/2001- 06/2002
		5= 07/2002- 06/2003
		6= 07/2003- 06/2004
		7= 07/2004- 06/2005
		8= 07/2005- 06/2006
		9= 07/2006- 06/2007

2. Personenbezogene Daten

2.1 Elterliche Sorge

Nummer		Auswertungsskala
Nr. 4	Sgem	0= nicht bekannt
Nr. 5	SaKM	1= trifft zu
Nr. 6	SaKV	2= trifft nicht zu

2.2 Sorgerechtsänderung

Nummer		Auswertungsskala
Nr. 7	Sorgeaen	1= beantragt
		2= nicht beantragt

2.3 Altersgruppen

Nummer		Auswertungsskala
Nr. 8	A1= altera	1= trifft zu
Nr. 9	A2= alterb	2= trifft nicht zu
Nr. 10	A3= alterc	
Nr. 11	A4= alterd	
Nr. 12	A5= altere	
Nr. 13	A6= alterf	

3. Sozioökonomische Daten

3.1 Prozesskostenhilfe

Nummer		Auswertungsskala
Nr. 14	PKMb	0= nicht bekannt
Nr. 15	PKMnb	1= trifft zu
Nr. 16	PKMkein	2= trifft nicht zu
Nr. 17	PKVb	
Nr. 18	PKVnb	
Nr. 19	PKVkein	

4. Jugendamt

4.1 Interventionsformen(Mehrfachnennungen sind möglich!)

Nummer		Auswertungsskala
Nr. 20	formAn	1= trifft zu
Nr. 21	indivAn	2= trifft nicht zu
Nr. 22	Anruf	
Nr. 23	EinzelEl	
Nr. 24	EinzelKi	
Nr. 25	Amtshil	
Nr. 26	Hausb	
Nr. 27	FestlBek	
Nr. 28	Intkeine	

4.1.1 Vermittlungsgespräch

Nummer		Auswertungsskala
Nr. 29	VmGesp1= vmgespa	1= trifft zu
Nr. 30	VmGesp2= vmgespb	2= trifft nicht zu
Nr. 31	VmGesp3= vmgespc	
Nr. 32	VmGesp4= vmgespd	
Nr. 33	VmGkein	
Nr. 34	VmGnein	

4.2 Problemlagen (Mehrfachnennungen sind möglich!)

Nummer		Auswertungsskala
Nr. 35	SuchtV	1= trifft zu
Nr. 36	Partnerg	2= trifft nicht zu
Nr. 37	ErziehV	
Nr. 38	koerperG	
Nr. 39	Vernachl	
Nr. 40	sexMissb	
Nr. 41	Plnb	

4.3 Hilfe zur Erziehung

Nummer		Auswertungsskala
Nr. 44	HZE	1= wurde beantragt
		2= wurde nicht beantragt

4.4 Mitwirkung im Verfahren

Nummer		Auswertungsskala
Nr. 45	MV1= mva	1= trifft zu
Nr. 46	MV2= mvb	2= trifft nicht zu
Nr. 47	MV3= mvc	
Nr. 48	MV4= mvd	
Nr. 49	MVnein	
Nr. 50	MVkein	

5. Familiengericht
5.1 Maßnahmen

Nummer		Auswertungsskala
Nr. 51	FvonBes	1= trifft zu
Nr. 52	beglUm	2= trifft nicht zu
Nr. 53	Verfapfl	
Nr. 54	Anordnu	
Nr. 55	Zwangsm	
Nr. 56	AbaendSg	
Nr. 57	Gutach	
Nr. 58	Famnb	
Nr. 59	Famnein	

Übersicht über Tabellen und Grafiken

1. Zeitraum

Statistiken

		Interventions-Beginn	Interventions-Ende	Intervention läuft weiter
N	Gültig	35	35	35
	Fehlend	0	0	0
Mittelwert		6,66	8,94	9,49
Median		7,00	9,00	10,00
Modus		8	10	10
Standardabweichung		1,878	1,282	,562
Minimum		1	5	8
Maximum		9	10	10

Häufigkeitstabellen

Interventions-Beginn

		Häufigkeit	Prozent	Gültige Prozente	Kumulierte Prozente
Gültig	07/1998-06/1999	1	2,9	2,9	2,9
	07/2000-06/2001	2	5,7	5,7	8,6
	07/2001-06/2002	2	5,7	5,7	14,3
	07/2002-06/2003	2	5,7	5,7	20,0
	07/2003-06/2004	7	20,0	20,0	40,0
	07/2004-06/2005	4	11,4	11,4	51,4
	07/2005-06/2006	15	42,9	42,9	94,3
	07/2006-06/2007	2	5,7	5,7	100,0
	Gesamt	35	100,0	100,0	

Interventions-Ende

		Häufigkeit	Prozent	Gültige Prozente	Kumulierte Prozente
Gültig	07/2002-06/2003	1	2,9	2,9	2,9
	07/2003-06/2004	1	2,9	2,9	5,7
	07/2004-06/2005	1	2,9	2,9	8,6
	07/2005-06/2006	10	28,6	28,6	37,1
	07/2006-06/2007	5	14,3	14,3	51,4
	trifft nicht zu	17	48,6	48,6	100,0
	Gesamt	35	100,0	100,0	

Quantitative Erhebung zum Umgangsrecht aus systemischer Sicht der Jugendhilfe

Intervention läuft weiter

		Häufigkeit	Prozent	Gültige Prozente	Kumulierte Prozente
Gültig	07/2005-06/2006	1	2,9	2,9	2,9
	07/2006-06/2007	16	45,7	45,7	48,6
	trifft nicht zu	18	51,4	51,4	100,0
	Gesamt	35	100,0	100,0	

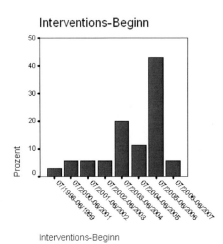

Abbildung 1: Beginn der Intervention zum Umgangsrecht.

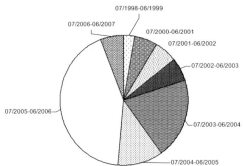

Abbildung 1.1: Beginn der Intervention zum Umgangsrecht.

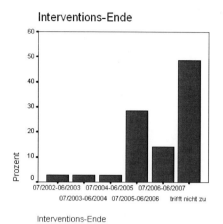

Abbildung 2: Ende der Intervention zum Umgangsrecht.

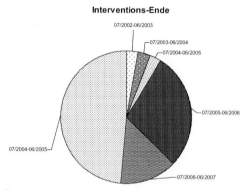

Abbildung 2.2: Ende der Intervention zum Umgangsrecht.

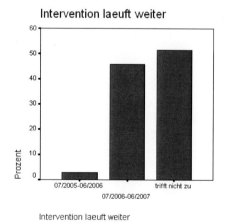

Abbildung 3: Die Intervention läuft weiter, da die Umgangsherstellung noch nicht abgeschlossen wurde.

2. Personenbezogene Daten der Eltern und Kinder

Statistiken

		gemeinsame elterliche Sorge	alleinige Sorge der Kindesmutter	alleinige Sorge des Kindesvaters	Sorgerechtsänderung
N	Gültig	35	35	35	35
	Fehlend	0	0	0	0
Modus		1	2	2	2

Häufigkeitstabellen

gemeinsame elterliche Sorge

		Häufigkeit	Prozent	Gültige Prozente	Kumulierte Prozente
Gültig	trifft zu	18	51,4	51,4	51,4
	trifft nicht zu	17	48,6	48,6	100,0
	Gesamt	35	100,0	100,0	

alleinige Sorge der Kindesmutter

		Häufigkeit	Prozent	Gültige Prozente	Kumulierte Prozente
Gültig	trifft zu	14	40,0	40,0	40,0
	trifft nicht zu	21	60,0	60,0	100,0
	Gesamt	35	100,0	100,0	

alleinige Sorge des Kindesvaters

		Häufigkeit	Prozent	Gültige Prozente	Kumulierte Prozente
Gültig	trifft zu	1	2,9	2,9	2,9
	trifft nicht zu	34	97,1	97,1	100,0
	Gesamt	35	100,0	100,0	

Sorgerechtsänderung

		Häufigkeit	Prozent	Gültige Prozente	Kumulierte Prozente
Gültig	Beantragt	16	45,7	45,7	45,7
	Nicht beantragt	19	54,3	54,3	100,0
	Gesamt	35	100,0	100,0	

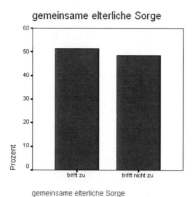

Abbildung 1: gemeinsame elterliche Sorge

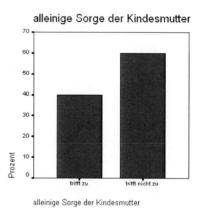

Abbildung 2: alleinige Sorge der Kindesmutter

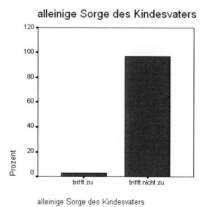

Abbildung 3: alleinige Sorge des Kindesvaters

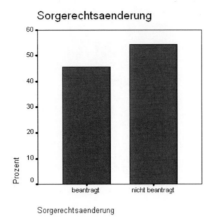

Abbildung 4: Sorgerechtsänderung wurde beantragt

2.3 Altersgruppen der betroffen Kinder

Statistiken

		jünger 1 bis 3 Jahre	jünger 4 bis 6 Jahre	jünger 7 bis 9 Jahre	jünger 10 bis 12 Jahre	jünger 13 bis 15 Jahre	jünger 16 bis 18 Jahre
N	Gültig	35	35	35	35	35	35
	Fehlend	0	0	0	0	0	0
Mittelwert		1,77	1,74	1,66	1,91	1,94	1,97
Median		2,00	2,00	2,00	2,00	2,00	2,00
Modus		2	2	2	2	2	2
Standardabweichung		,426	,443	,482	,284	,236	,169
Minimum		1	1	1	1	1	1
Maximum		2	2	2	2	2	2

Häufigkeitstabellen

jünger 1 bis 3 Jahre

		Häufigkeit	Prozent	Gültige Prozente	Kumulierte Prozente
Gültig	trifft zu	8	22,9	22,9	22,9
	trifft nicht zu	27	77,1	77,1	100,0
	Gesamt	35	100,0	100,0	

jünger 4 bis 6 Jahre

		Häufigkeit	Prozent	Gültige Prozente	Kumulierte Prozente
Gültig	trifft zu	9	25,7	25,7	25,7
	trifft nicht zu	26	74,3	74,3	100,0
	Gesamt	35	100,0	100,0	

jünger 7 bis 9 Jahre

		Häufigkeit	Prozent	Gültige Prozente	Kumulierte Prozente
Gültig	trifft zu	12	34,3	34,3	34,3
	trifft nicht zu	23	65,7	65,7	100,0
	Gesamt	35	100,0	100,0	

jünger 10 bis 12 Jahre

		Häufigkeit	Prozent	Gültige Prozente	Kumulierte Prozente
Gültig	trifft zu	3	8,6	8,6	8,6
	trifft nicht zu	32	91,4	91,4	100,0
	Gesamt	35	100,0	100,0	

jünger 13 bis 15 Jahre

		Häufigkeit	Prozent	Gültige Prozente	Kumulierte Prozente
Gültig	trifft zu	2	5,7	5,7	5,7
	trifft nicht zu	33	94,3	94,3	100,0
	Gesamt	35	100,0	100,0	

jünger 16 bis 18 Jahre

		Häufigkeit	Prozent	Gültige Prozente	Kumulierte Prozente
Gültig	trifft zu	1	2,9	2,9	2,9
	trifft nicht zu	34	97,1	97,1	100,0
	Gesamt	35	100,0	100,0	

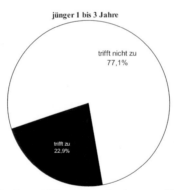

Abbildung 1: weiße Fläche = trifft nicht zu/ schwarze Fläche = trifft zu

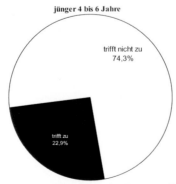

Abbildung 2: weiße Fläche = trifft nicht zu/ schwarze Fläche = trifft zu

Quantitative Erhebung zum Umgangsrecht aus systemischer Sicht der Jugendhilfe

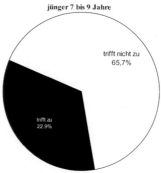

Abbildung 3: weiße Fläche = trifft nicht zu/ schwarze Fläche = trifft zu

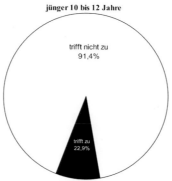

Abbildung 4: weiße Fläche = trifft nicht zu/ schwarze Fläche = trifft zu

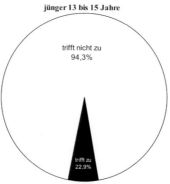

Abbildung 5: weiße Fläche = trifft nicht zu/ schwarze Fläche = trifft zu

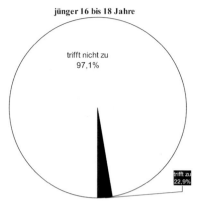

Abbildung 6: weiße Fläche = trifft nicht zu/ schwarze Fläche = trifft zu

3. Sozioökonomische Daten

Statistiken

		KM Prozesskosten hilfe beantragt	KM Prozesskosten hilfe nicht beantragt	kein Antrag auf Regelung des Umgangsrechts gestellt	KV Prozesskosten hilfe beantragt	KV Prozesskostenhilfe nicht beantragt	kein Antrag auf Regelung des Umgangsrechts gestellt
N	Gültig	35	35	35	35	35	35
	Fehlend	0	0	0	0	0	0
Modus		1	2	2	2	2	2

Häufigkeitstabellen

KM Prozesskostenhilfe beantragt

		Häufigkeit	Prozent	Gültige Prozente	Kumulierte Prozente
Gültig	Nicht bekannt	2	5,7	5,7	5,7
	trifft zu	17	48,6	48,6	54,3
	trifft nicht zu	16	45,7	45,7	100,0
	Gesamt	35	100,0	100,0	

KM Prozesskostenhilfe nicht beantragt

		Häufigkeit	Prozent	Gültige Prozente	Kumulierte Prozente
Gültig	Nicht bekannt	2	5,7	5,7	5,7
	trifft zu	1	2,9	2,9	8,6
	trifft nicht zu	32	91,4	91,4	100,0
	Gesamt	35	100,0	100,0	

kein Antrag auf Regelung des Umgangsrechts gestellt

		Häufigkeit	Prozent	Gültige Prozente	Kumulierte Prozente
Gültig	trifft zu	15	42,9	42,9	42,9
	trifft nicht zu	20	57,1	57,1	100,0
	Gesamt	35	100,0	100,0	

KV Prozesskostenhilfe beantragt

		Häufigkeit	Prozent	Gültige Prozente	Kumulierte Prozente
Gültig	Nicht bekannt	3	8,6	8,6	8,6
	trifft zu	12	34,3	34,3	42,9
	trifft nicht zu	20	57,1	57,1	100,0
	Gesamt	35	100,0	100,0	

KV Prozesskostenhilfe nicht beantragt

		Häufigkeit	Prozent	Gültige Prozente	Kumulierte Prozente
Gültig	Nicht bekannt	3	8,6	8,6	8,6
	trifft zu	6	17,1	17,1	25,7
	trifft nicht zu	26	74,3	74,3	100,0
	Gesamt	35	100,0	100,0	

kein Antrag auf Regelung des Umgangsrechts gestellt

		Häufigkeit	Prozent	Gültige Prozente	Kumulierte Prozente
Gültig	trifft zu	14	40,0	40,0	40,0
	trifft nicht zu	21	60,0	60,0	100,0
	Gesamt	35	100,0	100,0	

Quantitative Erhebung zum Umgangsrecht aus systemischer Sicht der Jugendhilfe

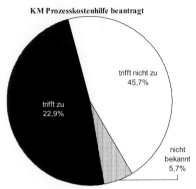

Abbildung 1: weiße Fläche = trifft nicht zu/ graue Fläche = nicht bekannt/ schwarze Fläche = trifft zu

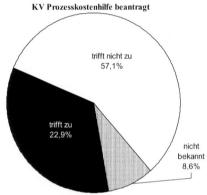

Abbildung 2: weiße Fläche = trifft nicht zu/ graue Fläche = nicht bekannt/ schwarze Fläche = trifft zu

Deskriptive Statistiken

	Mittelwert	Standardabweichung	N
KM Prozesskostenhilfe beantragt	1,40	,604	35
KV Prozesskostenhilfe beantragt	1,49	,658	35

Korrelationen

		KM Prozesskostenhilfe beantragt	KV Prozesskostenhilfe beantragt
KM Prozesskostenhilfe beantragt	Korrelation nach Pearson	1	,606(**)
	Signifikanz (2-seitig)	.	,000
	N	35	35
KV Prozesskostenhilfe beantragt	Korrelation nach Pearson	,606(**)	1
	Signifikanz (2-seitig)	,000	.
	N	35	35

** Die Korrelation ist auf dem Niveau von 0,01 (2-seitig) signifikant.

4. Jugendamt

4.1 Interventionsformen der Jugendamtsmitarbeiter (Mehrfachnennungen waren möglich).

Statistiken

		formelles Anschreiben	individuelles Anschreiben	Anruf	Einzelgespraech KM/KV	Einzelgespraech Kind	Amtsmithilfeersuchen	Hausbesuch	Festlegung von Besuchskontakten	keine Intervention bisher erfolgt
N	Gültig	35	35	35	35	35	35	35	35	35
	Fehlend	0	0	0	0	0	0	0	0	0
Modus		2	2	1	1	2	2	2	2	2

Häufigkeitstabellen

formelles Anschreiben

		Häufigkeit	Prozent	Gültige Prozente	Kumulierte Prozente
Gültig	trifft zu	7	20,0	20,0	20,0
	trifft nicht zu	28	80,0	80,0	100,0
	Gesamt	35	100,0	100,0	

individuelles Anschreiben

		Häufigkeit	Prozent	Gültige Prozente	Kumulierte Prozente
Gültig	trifft zu	15	42,9	42,9	42,9
	trifft nicht zu	20	57,1	57,1	100,0
	Gesamt	35	100,0	100,0	

Anruf

		Häufigkeit	Prozent	Gültige Prozente	Kumulierte Prozente
Gültig	trifft zu	26	74,3	74,3	74,3
	trifft nicht zu	9	25,7	25,7	100,0
	Gesamt	35	100,0	100,0	

Einzelgespräch KM/ KV

		Häufigkeit	Prozent	Gültige Prozente	Kumulierte Prozente
Gültig	trifft zu	27	77,1	77,1	77,1
	trifft nicht zu	8	22,9	22,9	100,0
	Gesamt	35	100,0	100,0	

Einzelgespräch Kind

		Häufigkeit	Prozent	Gültige Prozente	Kumulierte Prozente
Gültig	trifft zu	11	31,4	31,4	31,4
	trifft nicht zu	24	68,6	68,6	100,0
	Gesamt	35	100,0	100,0	

Amtshilfeersuchen

		Häufigkeit	Prozent	Gültige Prozente	Kumulierte Prozente
Gültig	trifft zu	3	8,6	8,6	8,6
	trifft nicht zu	32	91,4	91,4	100,0
	Gesamt	35	100,0	100,0	

Hausbesuch

		Häufigkeit	Prozent	Gültige Prozente	Kumulierte Prozente
Gültig	trifft zu	9	25,7	25,7	25,7
	trifft nicht zu	26	74,3	74,3	100,0
	Gesamt	35	100,0	100,0	

Festlegung von Besuchskontakten

		Häufigkeit	Prozent	Gültige Prozente	Kumulierte Prozente
Gültig	trifft zu	6	17,1	17,1	17,1
	trifft nicht zu	29	82,9	82,9	100,0
	Gesamt	35	100,0	100,0	

keine Intervention bisher erfolgt

		Häufigkeit	Prozent	Gültige Prozente	Kumulierte Prozente
Gültig	trifft zu	1	2,9	2,9	2,9
	trifft nicht zu	34	97,1	97,1	100,0
	Gesamt	35	100,0	100,0	

Quantitative Erhebung zum Umgangsrecht aus systemischer Sicht der Jugendhilfe

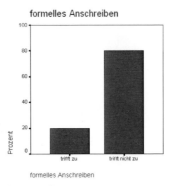

Abbildung 1: formelles Anschreiben

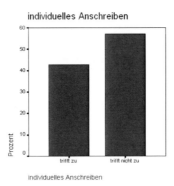

Abbildung 2: individuelles Anschreiben

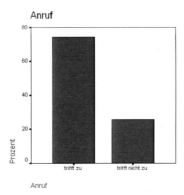

Abbildung 3: Telefonat mit einem Elternteil oder den Eltern

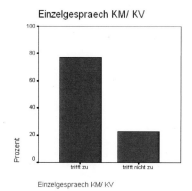

Abbildung 4: Einzelgespräch mit der Kindesmutter/ dem Kindesvater

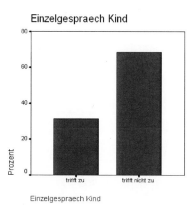

Abbildung 5: Einzelgespräch mit dem Kind/ den Kindern.

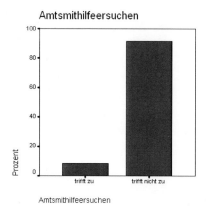

Abbildung 6: Amtshilfeersuchen

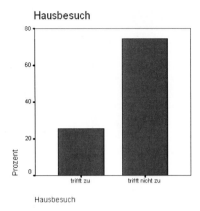

Abbildung 7: Hausbesuch

Abbildung 8: Festlegung von Besuchskontakten

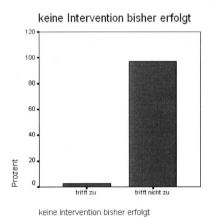

Abbildung 3: Keine Intervention durch den Jugendamtsmitarbeiter bisher erfolgt.

4.1.1 Vermittlungsgespräche

Statistiken

		Vermittlungsgespräch hat einmal stattgefunden	Vermittlungsgespräch hat zweimal stattgefunden	Vermittlungsgespräch hat dreimal stattgefunden	Vermittlungsgespräch hat mehr wie dreimal stattgefunden	es hat kein Vermittlungsgespräch stattgefunden	es wurde kein Vermittlungsgespräch angeboten
N	Gültig	35	35	35	35	35	35
	Fehlend	0	0	0	0	0	0
Median		2,00	2,00	2,00	2,00	2,00	2,00
Modus		2	2	2	2	2	2

Häufigkeitstabellen

Vermittlungsgespräch hat einmal stattgefunden

		Häufigkeit	Prozent	Gültige Prozente	Kumulierte Prozente
Gültig	trifft zu	8	22,9	22,9	22,9
	trifft nicht zu	27	77,1	77,1	100,0
	Gesamt	35	100,0	100,0	

Vermittlungsgespräch hat zweimal stattgefunden

		Häufigkeit	Prozent	Gültige Prozente	Kumulierte Prozente
Gültig	trifft zu	1	2,9	2,9	2,9
	trifft nicht zu	34	97,1	97,1	100,0
	Gesamt	35	100,0	100,0	

Vermittlungsgespräch hat dreimal stattgefunden

		Häufigkeit	Prozent	Gültige Prozente	Kumulierte Prozente
Gültig	trifft zu	2	5,7	5,7	5,7
	trifft nicht zu	33	94,3	94,3	100,0
	Gesamt	35	100,0	100,0	

Vermittlungsgespräch hat mehr wie dreimal stattgefunden

		Häufigkeit	Prozent	Gültige Prozente	Kumulierte Prozente
Gültig	trifft zu	1	2,9	2,9	2,9
	trifft nicht zu	34	97,1	97,1	100,0
	Gesamt	35	100,0	100,0	

es hat kein Vermittlungsgespräch stattgefunden

		Häufigkeit	Prozent	Gültige Prozente	Kumulierte Prozente
Gültig	trifft zu	17	48,6	48,6	48,6
	trifft nicht zu	18	51,4	51,4	100,0
	Gesamt	35	100,0	100,0	

es wurde kein Vermittlungsgespräch angeboten

		Häufigkeit	Prozent	Gültige Prozente	Kumulierte Prozente
Gültig	trifft zu	5	14,3	14,3	14,3
	trifft nicht zu	30	85,7	85,7	100,0
	Gesamt	35	100,0	100,0	

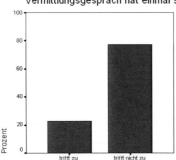

Abbildung 1: Der Jugendamtsmitarbeiter führte ein Vermittlungsgespräch mit den Eltern.

Abbildung 2: Der Jugendamtsmitarbeiter führte zwei Vermittlungsgespräche mit den Eltern.

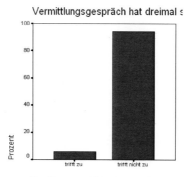

Abbildung 3: Der Jugendamtsmitarbeiter führte drei Vermittlungsgespräche mit den Eltern.

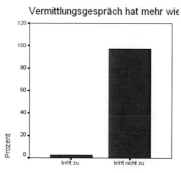

Abbildung 4: Der Jugendamtsmitarbeiter führte mehr wie drei Vermittlungsgespräche mit den Eltern.

4.2 Problemlagen, welche dem Jugendamtsmitarbeiter zusätzlich bekannt wurden (Mehrfachnennungen waren möglich).

Statistiken

		Sucht Verhalten	Partnerschafts gewalt	Erziehungs vorstellungen	körperliche Gewalt gegenüber dem Kind	Vernach lässigung	Sexueller Missbr auch	Problemlage ist nicht bekannt
N	Gültig	35	35	35	35	35	35	35
	Fehlend	0	0	0	0	0	0	0
Modus		2	2	1	2	2	2	2

Häufigkeitstabellen

Suchtverhalten

		Häufigkeit	Prozent	Gültige Prozente	Kumulierte Prozente
Gültig	trifft zu	6	17,1	17,1	17,1
	trifft nicht zu	29	82,9	82,9	100,0
	Gesamt	35	100,0	100,0	

Partnerschaftsgewalt

		Häufigkeit	Prozent	Gültige Prozente	Kumulierte Prozente
Gültig	trifft zu	9	25,7	25,7	25,7
	trifft nicht zu	26	74,3	74,3	100,0
	Gesamt	35	100,0	100,0	

Erziehungsvorstellungen

		Häufigkeit	Prozent	Gültige Prozente	Kumulierte Prozente
Gültig	trifft zu	19	54,3	54,3	54,3
	trifft nicht zu	16	45,7	45,7	100,0
	Gesamt	35	100,0	100,0	

körperliche Gewalt gegenüber dem Kind

		Häufigkeit	Prozent	Gültige Prozente	Kumulierte Prozente
Gültig	trifft zu	6	17,1	17,1	17,1
	trifft nicht zu	29	82,9	82,9	100,0
	Gesamt	35	100,0	100,0	

Vernachlässigung

		Häufigkeit	Prozent	Gültige Prozente	Kumulierte Prozente
Gültig	trifft zu	6	17,1	17,1	17,1
	trifft nicht zu	29	82,9	82,9	100,0
	Gesamt	35	100,0	100,0	

sexueller Missbrauch

		Häufigkeit	Prozent	Gültige Prozente	Kumulierte Prozente
Gültig	trifft zu	8	22,9	22,9	22,9
	trifft nicht zu	27	77,1	77,1	100,0
	Gesamt	35	100,0	100,0	

Problemlage ist nicht bekannt

		Häufigkeit	Prozent	Gültige Prozente	Kumulierte Prozente
Gültig	trifft zu	2	5,7	5,7	5,7
	trifft nicht zu	33	94,3	94,3	100,0
	Gesamt	35	100,0	100,0	

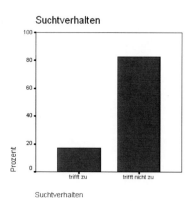

Abbildung1: Suchtverhalten

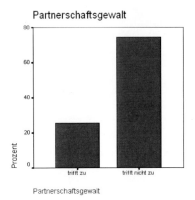

Abbildung 2: Partnerschaftsgewalt

Abbildung 3: unterschiedliche Erziehungsvorstellungen der Eltern

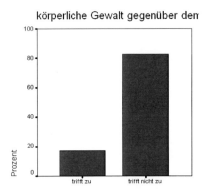

Abbildung 4: körperliche Gewalt gegenüber dem Kind

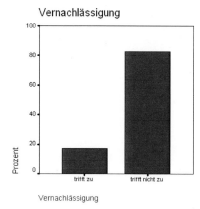

Abbildung 5: Vernachlässigung des Kindes/ der Kinder

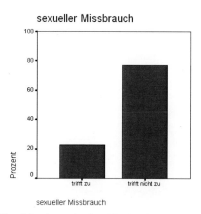

Abbildung 6: Sexueller Missbrauch des Kindes/ der Kinder

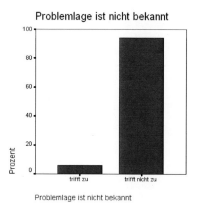

Abbildung 7: Problemlage ist nicht bekannt.

4.3 Hilfe zur Erziehung

Statistiken

Hilfe zur Erziehung

N	Gültig	35
	Fehlend	0
Modus		2

Hilfe zur Erziehung

		Häufigkeit	Prozent	Gültige Prozente	Kumulierte Prozente
Gültig	Wurde beantragt	13	37,1	37,1	37,1
	wurde nicht beantragt	22	62,9	62,9	100,0
	Gesamt	35	100,0	100,0	

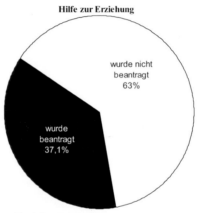

Abbildung 1: Hilfe zur Erziehung
weiße Fläche = wurde nicht beantragt/ schwarze Fläche = wurde beantragt

4.4 Mitwirkung des Jugendamtsmitarbeiters im gerichtlichen Verfahren vor dem Familiengericht

Statistiken

		Mitwirkung im Verfahren einmal	Mitwirkung im Verfahren zweimal	Mitwirkung im Verfahren dreimal	Mitwirkung im Verfahren mehr wie dreimal	es erfolgte keine Mitwirkung im Verfahren	es erfolgte keine Antragstellung
N	Gültig	35	35	35	35	35	35
	Fehlend	0	0	0	0	0	0
Median		2,00	2,00	2,00	2,00	2,00	2,00
Modus		2	2	2	2	2	2

Häufigkeitstabellen

Mitwirkung im Verfahren einmal

		Häufigkeit	Prozent	Gültige Prozente	Kumulierte Prozente
Gültig	trifft zu	3	8,6	8,6	8,6
	trifft nicht zu	32	91,4	91,4	100,0
	Gesamt	35	100,0	100,0	

Mitwirkung im Verfahren zweimal

		Häufigkeit	Prozent	Gültige Prozente	Kumulierte Prozente
Gültig	trifft zu	3	8,6	8,6	8,6
	trifft nicht zu	32	91,4	91,4	100,0
	Gesamt	35	100,0	100,0	

Mitwirkung im Verfahren dreimal

		Häufigkeit	Prozent	Gültige Prozente	Kumulierte Prozente
Gültig	trifft zu	4	11,4	11,4	11,4
	trifft nicht zu	31	88,6	88,6	100,0
	Gesamt	35	100,0	100,0	

Mitwirkung im Verfahren mehr wie dreimal

		Häufigkeit	Prozent	Gültige Prozente	Kumulierte Prozente
Gültig	trifft zu	6	17,1	17,1	17,1
	trifft nicht zu	29	82,9	82,9	100,0
	Gesamt	35	100,0	100,0	

es erfolgte keine Mitwirkung im Verfahren

		Häufigkeit	Prozent	Gültige Prozente	Kumulierte Prozente
Gültig	trifft zu	5	14,3	14,3	14,3
	trifft nicht zu	30	85,7	85,7	100,0
	Gesamt	35	100,0	100,0	

es erfolgte keine Antragstellung

		Häufigkeit	Prozent	Gültige Prozente	Kumulierte Prozente
Gültig	trifft zu	14	40,0	40,0	40,0
	trifft nicht zu	21	60,0	60,0	100,0
	Gesamt	35	100,0	100,0	

Abbildung 1: Mitwirkung im Verfahren einmal
weiße Fläche = trifft nicht zu / schwarze Fläche = trifft zu

Abbildung 2: Mitwirkung im Verfahren zweimal
weiße Fläche = trifft nicht zu / schwarze Fläche = trifft zu

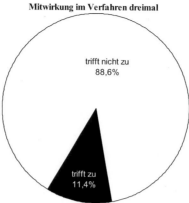

Abbildung 3: Mitwirkung im Verfahren dreimal
weiße Fläche = trifft nicht zu/ schwarze Fläche = trifft zu

Abbildung 4: Mitwirkung im Verfahren mehr wie dreimal
weiße Fläche = trifft nicht zu / schwarze Fläche = trifft zu

5. Familiengericht (Mehrfachnennungen waren möglich)

Statistiken

		Festlegung von Besuchskontakten	begleiteter Umgang	Verfahrenspfleger	Anordnung	Zwangsmaßnahme	Abänderung der elterlichen Sorge	Gutachten	Familiengerichtliche Maßnahme ist nicht bekannt	es wurde kein Antrag gestellt
N	Gültig	35	35	35	35	35	35	35	35	35
	Fehlend	0	0	0	0	0	0	0	0	0
Modus		2	2	2	2	2	2	2	2	2

Häufigkeitstabellen

Festlegung von Besuchskontakten

		Häufigkeit	Prozent	Gültige Prozente	Kumulierte Prozente
Gültig	Trifft zu	15	42,9	42,9	42,9
	Trifft nicht zu	20	57,1	57,1	100,0
	Gesamt	35	100,0	100,0	

begleiteter Umgang

		Häufigkeit	Prozent	Gültige Prozente	Kumulierte Prozente
Gültig	trifft zu	4	11,4	11,4	11,4
	trifft nicht zu	31	88,6	88,6	100,0
	Gesamt	35	100,0	100,0	

Verfahrenspfleger

		Häufigkeit	Prozent	Gültige Prozente	Kumulierte Prozente
Gültig	trifft zu	3	8,6	8,6	8,6
	trifft nicht zu	32	91,4	91,4	100,0
	Gesamt	35	100,0	100,0	

Anordnungen

		Häufigkeit	Prozent	Gültige Prozente	Kumulierte Prozente
Gültig	trifft zu	3	8,6	8,6	8,6
	trifft nicht zu	32	91,4	91,4	100,0
	Gesamt	35	100,0	100,0	

Zwangsmaßnahmen

		Häufigkeit	Prozent	Gültige Prozente	Kumulierte Prozente
Gültig	trifft zu	2	5,7	5,7	5,7
	trifft nicht zu	33	94,3	94,3	100,0
	Gesamt	35	100,0	100,0	

Abänderung der elterlichen Sorge

		Häufigkeit	Prozent	Gültige Prozente	Kumulierte Prozente
Gültig	trifft zu	6	17,1	17,1	17,1
	trifft nicht zu	29	82,9	82,9	100,0
	Gesamt	35	100,0	100,0	

Gutachten

		Häufigkeit	Prozent	Gültige Prozente	Kumulierte Prozente
Gültig	trifft zu	4	11,4	11,4	11,4
	trifft nicht zu	31	88,6	88,6	100,0
	Gesamt	35	100,0	100,0	

Familiengerichtliche Maßnahme ist nicht bekannt

		Häufigkeit	Prozent	Gültige Prozente	Kumulierte Prozente
Gültig	trifft zu	4	11,4	11,4	11,4
	trifft nicht zu	31	88,6	88,6	100,0
	Gesamt	35	100,0	100,0	

es wurde kein Antrag gestellt

		Häufigkeit	Prozent	Gültige Prozente	Kumulierte Prozente
Gültig	trifft zu	14	40,0	40,0	40,0
	trifft nicht zu	21	60,0	60,0	100,0
	Gesamt	35	100,0	100,0	

Abbildung 1: Anordnung von Besuchskontakten durch den Familienrichter.

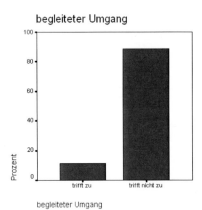

Abbildung 2: Anordnung des begleiteten Umgangs durch den Familienrichter.

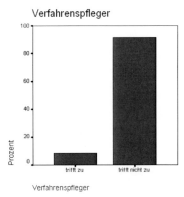

Abbildung 3: Einsatz eines Verfahrenspflegers

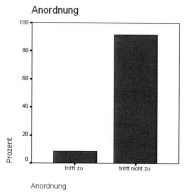
Abbildung 4: Anordnungen z.B. von Verhaltensweisen die die Eltern unterlassen sollen.

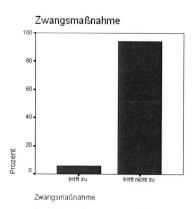
Abbildung 5: Androhung oder Anordnung von Zwangsmitteln z.B. Bußgeld

Abbildung 6: Abänderung der elterlichen Sorge durch den Familienrichter.

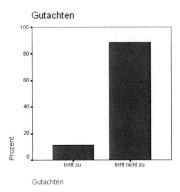

Abbildung 7: Anzahl der in Auftrag gegebenen Gutachten

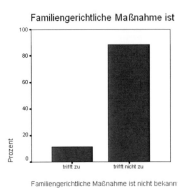

Abbildung 8: Familiengerichtliche Maßnahme ist noch nicht bekannt.

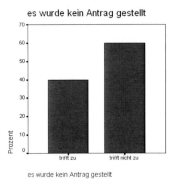

Abbildung 9: Es wurde kein Antrag auf Regelung des Umgangsrechts gestellt.

Autorenprofil

Karin Gerstner, Jg. 1970, Dipl. Sozialarbeiterin (FH)/ Klinische Sozialarbeit (M.A.). Ausbildung im Gesundheitswesen zur Krankenschwester sowie mehrjährige Tätigkeit in unterschiedlichen Fachbereichen. Studium der Sozialarbeit an der Fachhochschule Koblenz und anschließende Tätigkeit im Rehabilitationsbereich.

2003 Studium der Klinischen Sozialarbeit an der Fachhochschule Coburg und der Alice-Salomon-Fachhochschule Berlin. Seit 2005 Mitarbeiterin im Allgemeinem Sozialen Dienst des Jugendamtes.